Helga Kohler-Spiegel

Erfahrungen des Heiligen

Religion lernen und lehren

Kösel

FSC
Mix
Produktgruppe aus vorbildlich bewirtschafteten Wäldern und anderen kontrollierten Herkünften
Zert.-Nr. SGS-COC-1940
www.fsc.org
© 1996 Forest Stewardship Council

Verlagsgruppe Random House FSC-DEU-0100
Das für dieses Buch verwendete FSC-zertifizierte Papier *Munken White* liefert Arctic Paper Munkedals AB, Schweden.

Druck und Bindung: GGP Media GmbH, Pößneck
Umschlag: Elisabeth Petersen, München
Umschlagmotiv: Masterfile, Düsseldorf, 700-163736, Foto: Daryl Benson
Printed in Germany
ISBN 978-3-466-36789-4

www.koesel.de

Inhalt

Eingangstext

Seit meiner Kindheit

Seit meiner Kindheit
bin ich den Menschen auf der Spur.
Ich fragte viel.
Ich blieb sitzen, wo viele gingen.
Ich lasse die Menschen nicht aus den Augen.
Seit meiner Kindheit
bin ich den Menschen auf den Fersen.
Auf diesem Weg hab ich
viel von Gott entdeckt.

Vorbemerkung

Vielleicht denken Sie beim Lesen dieses Buches manchmal: »Das ist wie bei mir, das kenne ich. Dieses Beispiel, das könnte ich sein …« Ich kann Ihnen versichern, es sind keine konkreten Einzelpersonen in den Beispielen beschrieben. Es sind zu Szenen verbundene Situationen aus unterschiedlichen Kontexten, die zusammen gesehen und gebündelt wiederum Szenen ergeben, die sich erzählen lassen, weil sie nicht mehr von einer konkreten Person handeln, sondern von dem, was Menschen, vielleicht Sie, vielleicht ich, in bestimmten Situationen erleben – und insofern hoffe ich, dass Sie beim Lesen manchmal denken: »Dieses Beispiel, das könnte ich sein …«

Ich wünsche Ihnen gute Begegnungen mit sich und gute Erfahrungen mit dem »Heiligen«.

Dem Heiligen auf der Spur

Hinführung

Wie spatzen sind meine wünsche
freche unmusikalische vögel
oft habe ich sie weggescheucht
auch den einen oder anderen zu boden getroffen
mit meiner analytischen schleuder
und mir einfach vorgenommen
ohne spatzen zu leben
in einem wohnschacht zum beispiel
hell erleuchtet gar nicht besonders schmutzig
hübsche sachen zum aussuchen und einwickeln
finde ich dort die trag ich
von einem ende der u-bahnstation
zum andern
warum nicht gleichmäßig mein leben zubringen
ohne die störenfriede
arglos kommen sie wieder
suchen mich auf und besetzen das land
wie oft habe ich sie weggescheucht
freche unmusikalische vögel
wie spatzen ihr meine wünsche

Dorothee Sölle[1]

»Wie spatzen ihr meine wünsche…« – Es ist in unserer Kultur gut möglich, »gleichmäßig das leben zuzubringen«, ohne Störenfriede, ohne innere Sehnsucht wahrzunehmen. Es ist in unserer Kultur gut möglich, auch ohne Religiosität, ohne Spiritualität, ohne Transzendenz – »ohne Spatzen« zu leben. Und doch gibt es Momente, in denen eine Dimension spürbar wird, die faszinierend ist, oft schwer zu benennen, eine Begegnung vielleicht, in der es um dich und um mich geht, in der ich erkannt werde, in der ich dich wirklich wahrnehme, ein Erlebnis von Versöhnung, oder ein Abschied, der traurig und verzweifelt und dankbar zugleich macht. Wir haben manchmal alte Worte, die diese Dimension erfassen sollen, »Gnade« zum Beispiel, oder »Schuld«, auch »Liebe«, irgendwie etwas »Heiliges«.

Mich interessiert, wie dieses »Heilige« erfahrbar ist, wie dieses »Heilige« präsent ist in einer Welt, die – wie gesagt – auch ohne »Heiliges« funktioniert, in der Menschen ohne »Heiliges« leben können. Mich interessiert, was sich verändert – in meinem Leben, in meinem Handeln, in meinem Denken, in meinem Empfinden –, wenn ich mit dem »Heiligen« rechne. Und mich interessiert auch, wie ich das denken kann, ohne meine aufgeklärte Vernunft zu missachten, wie ich das erfahren kann, auch wenn es vor der aufgeklärten Vernunft manchmal schwer einzuordnen ist. Die Gegenwart ermöglicht ein »Sowohl-als-auch«, vielleicht ist es gegenwärtig auch gefordert, diese Spannung auszubalancieren, auszuhalten. Beides ist möglich, kritisch bewusst und zugleich »fromm« zu sein. In der Musik, in der Kunst, in der Natur, im Versunkensein, im Lesen und Nachdenken … – wenn ich ganz bei mir bin, kann ich ganz in »Andacht« sein, um das alte Wort zu nutzen. In einer Ordnung, in einem Rhythmus aufgehoben sein, auch wenn heute

Rhythmisierungen von Zeit verloren gehen und gemeinsame Rhythmen weniger werden, – wir können uns am eigenen Rhythmus orientieren: meine eigene Tagesgestaltung, meine Wochenend-, meine Sonntagsgestaltung. Mir ist wichtig, den eigenen Rhythmus zu finden, in einer, in meiner »Ordnung« aufgehoben zu sein.

»Heilig« – ein paar Stichworte geben uns eine Spur zum Verstehen: Im Hebräischen meint die Wortwurzel »q-d-sch« »getrennt sein«, »anders sein«. Gelesen als »qadosch« wird das Wort übersetzt mit »heilig« und beschreibt »das Besondere«. Im 3. Buch Mose, im Buch Levitikus 19,2, ist Israel gerufen: »Heilig sollt ihr sein, denn heilig bin Ich, der Ewige, euer Gott.« »Kiddusch« – Segen, Heiligung geschieht in jedem jüdischen Gottesdienst. Und bei der jüdischen Hochzeit wird die Zeremonie des Ansteckens des Hochzeitsrings als »kidduschin« bezeichnet: »Heiligung«, weil Braut und Bräutigam einander »etwas Besonderes« sind. Der Begriff kann differenziert werden, doch eine gemeinsame Definition, wo sich »das Heilige« zeigt, eine Verbindlichkeit in Wahrnehmung, Definition und Ausdruck des Religiösen ist verloren, sie gilt – wenn überhaupt – für Teilgruppen. Darin liegt viel Freiraum und Freiheit. Diese Pluralisierung erlaubt eine selbstverständliche Vielfalt, sie erlaubt Auswahl und verlangt Entscheidung.

Präsenz des »Heiligen« – es ist lohnend, diesem »Heiligen« auf die Spur zu kommen, etwas zu entdecken, was – in anderer Form – sehr wohl immer wieder da ist, Momente von »Andacht«, von »Ergriffensein«. Sie sind lohnend – diese Momente, in denen wir eine Dimension über uns selbst hinaus erahnen, in denen wir erleben, berührt und begleitet zu sein. Vermutlich gibt es diese Momente auch in Ihrer

Erfahrung? Wenn Sie in Ihrem Alltag berührt sind von einem Hauch, einer Spur von Glück und Liebe und Gnade … Wenn Sie dem begegnen, was von vielen Menschen »Gott« genannt wird … Wenn für einen Moment spürbar wird, dass Zuwendung ein Geschenk ist: Nicht-verdient ist es einfach da, das Gefühl, da mag mich jemand wirklich … Vielleicht gibt es solche Momente, in denen bewusst wird, dass viel Wichtiges im Leben nicht selbst erarbeitet und verdient ist – ein Lächeln, ein unerwarteter Anruf und die Nachfrage »Wie geht es dir?«.

Wie würde sich mein Leben verändern, wenn ich mit dem »Heiligen« rechnete, wenn ich denke, es könnte – für einen Moment – spürbar werden, es könnte »einbrechen«, mich faszinieren und vielleicht sogar erschüttern.

> »…Wenn die Propheten einbrächen
> durch Türen der Nacht
> mit ihren Worten Wunden reißend
> in die Felder der Gewohnheit …
>
> Wenn die Propheten einbrächen
> durch Türen der Nacht
> und ein Ohr wie eine Heimat suchten –
>
> Ohr der Menschheit
> du nesselverwachsenes,
> würdest du hören? …«,

so Nelly Sachs[2], im Horror der Nazi-Vernichtung. Auch ohne dieses Entsetzen beschäftigt mich, wie es wäre, wenn – für einen Moment – erfahrbar würde, was Menschen mit »Gott«, mit dem »Heiligen« in Sprache fassen.

Grundlegung – im Voraus

In den Szenen eines Lebens wird konkret, was Menschen auch in »großen« Worten ausdrücken: Sehnsucht und Heimat, Gewalt, Schuld und Erlösung ... Der Blick auf die Szenen des Lebens ermöglicht, dass ich Erlebtes nicht bewerten muss, sondern wahrnehme, was ist – gelebtes Leben, mit Schönem und Traurigem, mit Schuld und Zynismus. Ich kann Gewalttätiges sehen und Sanftes, Verletztes und Verletzliches, ich kann einen Menschen sehen, mich selbst oder andere, ich kann sehen, einfach sehen. Das verändert den Blick, deswegen ist nicht einfach alles »gut«, was wir Menschen tun, sondern es ist Ausdruck der jeweiligen Person, wie sie die Situation wahrnimmt, deutet und damit umgeht – manchmal unbeschwert und offen, manchmal kleinlich und festgefahren, manchmal ängstlich und destruktiv ... In den Szenen des Lebens wird »Heiliges« sichtbar.

In der Perspektive der jüdisch-christlichen Tradition ereignet sich »Gott« in Biografien. Jede Generation fragt neu nach dem, was die Menschen »Gott« nennen, nach einer Kraft, die Welt und Kosmos zusammenhält, vielleicht nach einer »Person«, die hinter allem steht. Immer wieder fasziniert mich, wie sich in Biografien von Menschen »Gott« ereignet, wie in Entwicklungen und Brüchen von Menschen Gott erfahrbar wird.

Was wir erleben, kann im Blick auf Religion, im Blick auf den eigenen Glauben reflektiert werden. Was wir erleben, kann zur »Theologie« werden, indem ich im Blick auf mich selbst, auf die Menschen, auf die Welt und auf Gott hin bedenke, reflektiere, was ich da erlebt habe, was das Erlebte bedeutet. »Gott« kann dem Menschen vielfältig sichtbar werden, durchscheinen in den Erfahrungen des eigenen Lebens, in Natur und Schöpfung.

In der christlichen Tradition (wissend darum, dass ich das Christliche nicht verstehen kann ohne seine ältere Schwester, das Judentum) sind Natur und Kosmos Geschöpfe Gottes, »Sehenswürdigkeiten«, welche die Schönheit der Schöpfung deutlich machen. Der ganze Kosmos ist geprägt von Zeit und Raum, der Struktur des menschlichen Denkens. In dieser Struktur kann der Mensch sich orientieren und Sicherheit finden. Der Mensch selbst aber ist Bild, Abbild Gottes, so ist es im Hymnus, in dem Lied am Anfang der Bibel im 1. Buch Mose, Genesis 1, 27 überliefert. Es ist, wenn man Menschen ansieht, eine gewagte Sichtweise: Im Menschen ist Gott sichtbar. Jeder Mensch – ungeachtet seiner individuellen Fähigkeiten und Eigenschaften – ist Bild und Abbild Gottes. Es bleibt eine Provokation, den Menschen mit all seinem Elend, seinen Grenzen, seiner Boshaftigkeit und seinen Verquerungen so groß zu denken. Es ist ein Grundgedanke jüdisch-christlicher Tradition, dass sich Gott im Menschen, im Leben von Menschen, in Zeit und Endlichkeit, in der gemeinsamen Geschichte, in den Biografien einzelner Menschen ereignet:

Wie uns Gott erscheint

Die Orte
Die Zeichen
Die Namen

Jabbok:
Engel, kämpfend
bis zur Morgenröte.
Für die, die aushalten in der Nacht.
Gott von Angesicht zu Angesicht:
Er, der segnet.

Horeb:
Brennender Dornbusch.
Das Elend gesehen,
den Klageschrei gehört.
Für alle, die weinen:
Ich werde da sein.

Wüste:
Wolkensäule bei Tag
für die Wegsuchenden.
Feuer in der Nacht
für die in der Finsternis.
Er, der vorangeht.

Horeb, Berghöhle:
Nicht im Erdbeben oder Sturm,
im Feuer nicht mehr,
sondern im Säuseln, kaum spürbar.
Für die, die ein leises Zeichen verstehen:
Stimme eines dünnen Schweigens.

Bethlehem:
Glanz in der Nacht,
Worte des Friedens,
Kind in der Krippe.
Für alle Wartenden:
Immanuel,
Gott mit uns.

Joop Roeland[3]

Die Orte, die Zeichen und die Namen – sie benennen, wo Menschen Gott begegnen, wie sich Gott ereignet. Joop Roeland nennt die Szene Jakobs im 1. Buch Mose, Genesis 32, als Jakob nach vielen Jahren des Unterwegsseins kurz vor der Begegnung mit seinem Bruder steht. Mit diesem ist es zum Bruch gekommen, weil Jakob als Kind, in seiner engen Beziehung zur Mutter, den Bezug zum Vater und zu seinem älteren Bruder verloren hat. In Konkurrenz um das Erstgeburtsrecht, das der jüngere dem älteren Bruder voll List und Tricks abgerungen hat, schwört Esau Rache und plant, Jakob zu ermorden, zu erwürgen. Auch das kennen wir, seit Kain und Abel. Auf Anraten der Mutter, die eine Eskalation der Situation verhindern will, verlässt Jakob das Elternhaus und flieht. Und nun, Jahrzehnte später, steht die Begegnung mit seinem Bruder Esau bevor. Eine Nacht lang ringt Jakob mit einem »Mann«, heißt es im Bibeltext, mit einer Kraft, der er sich stellen muss, die ihn verletzt und segnet. Wir wissen nicht wirklich, mit wem Jakob da gekämpft hat. Jakob ist jedenfalls einer Kraft begegnet, die so stark ist, dass sie auch verletzen kann – diese Macht kennt Jakob und kennt sie doch nicht. Unerkannt ist sie gefährlich, sie verletzt und zerstört Beziehungen, Menschen …, Jakob hat es so erlebt, immer wieder ist er dem Destruktiven begegnet, bei sich und anderen. Diese Macht kann aber auch zum Segen werden, wenn Jakob sie erkennt, wenn er um sie weiß und sie einbinden kann. Dann ist sein Name auch nicht mehr »Jakob«, der Trickser, sondern »Israel« – »der mit Gott streitet« (Gen 32,29).

Joop Roeland nennt in der zweiten Strophe die Szene, die im 2. Buch Mose, Exodus 3, überliefert ist. Mose gehört zur Gruppe der Hebräer, der Fremdlinge, die sich wohl wegen Hungersnöten am Rande der Steppe in Ägypten niedergelassen haben. Im Verlauf der Jahre, als die Zahl der Hebräer immer stärker zunimmt, werden sie zu Sklavendiensten für den Pharao herangezogen. In der Tradition der Bibel ist neben der Versklavung auch die Ermordung der männlichen Neugeborenen als weitere Form der Unterdrückung überliefert. Mose überlebt, weil er durch eine List am Hof des Pharao aufgezogen wird. Sich dennoch den Hebräern zugehörig wissend, erzürnt ihn die ungerechte Behandlung der hebräischen Fronarbeiter durch die ägyptischen Aufseher. Bei einem Zwischenfall ergreift Mose Partei, erschlägt einen ägyptischen Aufseher und muss fliehen. Er hat Glück. Über die Heirat mit Zippora, der Tochter eines midianitischen Priesters, wird er Schaf- und Ziegenhirte, lernt den Eingottglauben der Midianiter kennen und kann wieder Fuß fassen. Und doch – er bleibt neugierig. Mit seiner Herde unterwegs erlebt er, dass er begleitet und gerufen ist. Am Berg Horeb, im Feuerschein eines brennenden Dornbuschs, wird er erfasst von der Präsenz und der Begegnung mit Gott. Ein neuer Auftrag erwächst aus dieser Begegnung: »Geh hin, befreie die Hebräer aus der Hand des Pharao und führe sie in das Land, in dem Milch und Honig fließen.«

Ein wenig später, in Exodus 13, begegnen wir der aus der Sklaverei befreiten Gruppe der Hebräer auf ihrem Weg durch die Wüste. Joop Roeland geht in der dritten Strophe dieser Erfahrung nach. Nach der Freude über die Freiheit wird schnell die Last dieser entbehrungsreichen Wanderung spürbar, mehrfach taucht der Wunsch auf, zurückzukehren zu den »Fleischtöpfen Ägyptens«. Die Mühsal des Weges lässt sie vergessen, wie sie unter der Versklavung gelitten hatten, nicht immer ist es Trost genug, dass »Gott« begleitet – als Wolke bei Tag, als Feuersäule bei Nacht.

Vielleicht ist es verständlich, dass bei einem mühsamen Aufbruch auch der Wunsch zurück vorhanden ist. In unserer heutigen Lebenswelt kennen vor allem Frauen diese Erfahrung aus Gewaltbeziehungen: Der Schritt aus der Beziehung bedeutet noch nicht, von der Gewalt befreit zu sein, das Alleinsein macht Angst, viele Schritte sind ungewohnt … Auch wenn ich mich begleitet weiß, ist das ja nicht immer spürbar, nicht immer sichtbar. Unsicherheit und Angst bleiben, sie scheinen zu den Veränderungsprozessen zu gehören: Sehe ich mich diesem Schritt gewachsen, schaffe ich das?

»Wie uns Gott erscheint …« – In der vierten Strophe ist von Elija die Rede, einem gewaltbereiten Kämpfer für Gott, der sich mit Haut und Haaren einsetzt gegen andere Gottheiten, für den wahren Glauben. Überliefert ist dies in der Bibel im 1. Buch der Könige im 19. Kapitel. Elija kämpft mit allen Mitteln – bis man ihm nach dem Leben trachtet. Erschöpft zieht er sich in die Wüste zurück und will aufgeben. Sein Lebensmut ist erloschen, er kann nicht mehr. Er wusste, wie man das Leben gestaltet, wie man handelt und sich durchsetzt und sich einsetzt, er wusste, wie man es »macht«. Und dann diese Erfahrung: Er, der ein Leben lang alles gestaltet und gemanagt hat, er kann nicht mehr handeln, er ist am Ende, er kann die Situation nicht mehr aus eigener Kraft lösen. Was er gelernt hat in der Wüste, in seiner Höhle, in die er sich zurückgezogen hat, ist nicht einfach: Genau das Muster, alle Situationen durch Handeln, durch Tun, mit eigener Kraft zu lösen, funktioniert nicht mehr. Er lernt mühsam, loszulassen. Dann vermögen sanfte Töne etwas zu verändern, dann erweckt eine zarte Berührung etwas wieder zum Leben … Es war ihm wohl sehr ungewohnt, diesem Elija.

Als letztes Beispiel ist im Lukasevangelium eine der wohl bekanntesten Szenen erinnert: ein Kind im Stall von Betlehem. Diesem Neugeborenen wird zugetraut, das Gesicht der Welt zu verändern. Die Welt bleibt, wie sie ist, geprägt von Herrschaft und Macht und Geld, und zugleich verändert sie sich, weil ein Mensch anders handelt, weil Menschen im Menschen wieder das Bild Gottes sehen ...

Orte, Zeichen, Namen, benennbar, erinnerbar, in konkreter Zeit, an konkreten Orten – so zeigt sich Gott. Vielleicht tauchen bei Ihnen beim Lesen andere Szenen auf, andere »Orte, Zeichen, Namen« für die Begegnung mit dem »Heiligen«: Eine unbändige Liebe, Lust und Leidenschaft – mit Ort und Namen, ein Kreißsaal, Ihr neugeborenes Kind, »mein Engel«, oder am Esstisch, im Gespräch, eine erschütternde Nachricht ... Ihre eigenen »Orte, Zeichen, Namen« kennen nur Sie selbst, mit allen Details und den Gefühlen der Szene: wie uns, Ihnen »Gott« erscheint.

Wenn also in der jüdisch-christlichen Tradition von »Gott« gesprochen wird, müssen wir Geschichten erzählen. Wie in den soeben erzählten Geschichten finde ich in meiner eigenen Biografie Spuren des »Heiligen«, davon kann ich erzählen. Ich finde auch Spuren, manchmal ausgeprägte Spuren, ganze »Autobahnen« von »Unheiligem« in meiner Biografie. In meinem Leben gibt es neben dem »Heilvollen« die Erfahrungen des Unheils, Erfahrungen von Neid und Missgunst, Abwertung und Kränkung, von Leid und Gewalt. Erfahrungen des Heiligen und des Unheiligen sind biografisch – wir finden sie in unserem Leben. Wenn wir die eigene Erfahrung ernst nehmen, wenn wir zu erzählen wagen, was wir selbst erlebt haben, deuten wir es intuitiv, setzen in Beziehung, was wir erlebt haben, versuchen zu verstehen und einzuordnen. So verstanden kann sich »Religiöses« ereignen, ich kann in meinem Alltag, in meinem Leben »Momente des Heiligen« erleben, ich kann »Heiliges« in mir und außerhalb meiner selbst entdecken.

Religion »biografisch« zu verstehen, sich auf diese Art dem Phänomen und den Erfahrungen von Religion zu nähern, beinhaltet eine Veränderung der Glaubensvermittlung, der Katechese. Die als Katechese bezeichnete Unterweisung kann folgen, wenn Fragen auftreten, kann helfen, eigene Fragen zu klären und die aus bestimmten Jahrhunderten tradierten Antworten zu hören. Unterweisung kann anleiten zu einer folgenden Praxis von Religion und gelebtem Glauben. Aber auf dem Weg, dem zu begegnen, was ich hier »Heiliges« nenne, sind nicht Vermittlung und Unterweisung von Bedeutung, sondern Wahrnehmung und Deutung der eigenen Erlebnisse, des eigenen Lebens. Darin kann ich – vielleicht – »Heiliges« wahrnehmen und erfahren.

Ein relativ unspektakulärer Lebensweg: Kindheit und Schule, Partnerschaft, Familie, Kinder, irgendwie nach außen ist alles im Lot, es ist wirklich nicht schlecht … – und doch erlebt eine Frau in der Mitte des Lebens, dass ihr die Kraft verloren geht, sie sei viel müde, oft lustlos, aber – es sei ja eigentlich alles in Ordnung. Und dann beginnt sie zu erzählen, ihre Geschichte bekommt Worte, irgendwie wirklich »unspektakulär«. Und genau dieses Selbstverständnis, die eigene Geschichte als »unspektakulär« anzusehen, hat lange Zeit verhindert, ihre eigenen Empfindungen wahrzunehmen, zu stark waren die Sätze in ihr: »Deswegen wirst du doch nicht jammern«, »andere haben es viel schwieriger …« Die Missachtung und die Abwertung der eigenen Empfindungen und der eigenen Sichtweise haben verhindert, dass diese innerlich Platz finden und »betrachtet« werden können. Missachtet kann ich mich nicht mit dem beschäftigen, was ich erlebe, welche Gefühle sich damit verbinden. Ich kann weder belastende Empfindungen verändern noch positive Erlebnisse speichern und zu inneren guten Bildern werden lassen. Missachtet kann ich nicht einmal ein »Stoßgebet« sprechen: »Nimm mir die Angst, nimm mir – vielleicht – den Schmerz, übergangen worden zu sein …«

»Erfahrungen des Heiligen« sind biografisch, sie zeigen sich in den erzählten Geschichten von Menschen, wissend um die Spannung zwischen den Erfahrungen und dem Erzählten. In diesen »Erfahrungen« kann sich eine Dimension erschließen, die wir »spirituell«, »transzendent«, in der alten Sprache auch »fromm« nennen, wenn wir uns nicht schrecken lassen ob der Vielfalt, auch der Abgründe der menschlichen, auch unserer eigenen »Seele«.

Erfahrungen des Heiligen

Eigene Zugänge – Religion lernen

Vielleicht haben Sie »Religion« als einen Gegenstand kennengelernt, einen Inhalt, der geglaubt werden muss, als institutionalisierte Form, die zwar stabil, aber zugleich auch unbeweglich ist. Vielleicht ist es Ihnen fremd, wenn ich »Religiosität« in den Vordergrund rücke, Ihre Einstellungen und Vorstellungen, Ihre Haltung, sich in Entscheidungen und Handlungen an einer »höheren Macht« zu orientieren. »Da eine so verstandene Religiosität jedoch Teil des Menschseins ist, ist sie im Unterschied zum feststehenden Glaubens- und Normengut einer Religion dem Wandel des Weltverstehens unterworfen.«[4] Religiosität ist angebunden an die Entwicklungen im Leben, ist Ausdruck des Lebens und somit ständigen Veränderungen ausgesetzt. Und – auch wenn Religion statisch erscheint, wirken sich vielfältige Formen von Religiosität auf Religion aus und verändern diese. Zugleich entfalten und entwickeln sich innerhalb oder unterhalb vorgegebener Formen von Religion zahlreiche Ausprägungen von Religiosität. »(Individuelle) Religiosität kann durch (institutionelle) Religion geformt werden. Doch muss dies nicht so sein. Zudem wird Religion stets durch konkrete Menschen mit eigener, individueller Religiosität vermittelt und interpretiert.«[5]

Ich möchte Sie ermutigen, Ihre Religiosität, wie sie sich im Verlauf Ihres Lebens entwickelt hat, wahrzunehmen und ernst zu nehmen, als Ihren eigenen Schatz zu entdecken, zu erleben und zu reflektieren. Ich möchte Sie einladen, an exemplarischen Stellen Ihre Religiosität zu entdecken und zu vertiefen. Ich lade Sie ein, sich damit auseinanderzusetzen und sie mit Religion und tradierten Überlieferungen ins Gespräch zu bringen. Und ich ermutige Sie, diese Tradition wiederum für die Weiterentwicklung Ihrer persönlichen Religiosität zu nutzen – und so gemeinsam Religion zu entwickeln.

Wahrnehmen – wertschätzen

Aus der Perspektive tradierter Religion wird Religiosität als individualisiert, manchmal auch als zu individualisiert erlebt. Nur auf die einzelne Person bezogen, von der einzelnen Person verantwortet und gelebt, scheint die Verankerung in der Institution und die inhaltliche Ausprägung von Religion zu kurz zu kommen. Während ich individuell vor allem frage, wie ich meine Religiosität erlebe, wie ich sie empfinde, ob sie mir wohltut und mich trägt, frage ich bei institutionalisierter Religion viel mehr nach der wahren Tradition, den richtigen Formen von Gebet und Ritual. Die unterschiedlichen Ebenen, in denen Religion und Religiosität den Menschen ansprechen, verunmöglichen einen direkten Vergleich der beiden Ebenen. Denn schnell wird bewusst, dass institutionell verbürgte Überlieferungen, Inhalte und Formen sich oft nicht ungebrochen eingliedern in Verarbeitung und Deutung von erlebtem und gelebtem Leben. »Ein individueller oder subjektiver, in der Regel existenznotwendiger Versuch des Menschen, Religion für sich plausibel zu machen und in eine mögliche Übereinstimmung zu seiner Alltagswelt zu bringen«[6], ist eben nicht unveränderlich, sondern bewegt und entwickelt sich mit den Erfahrungen und Deutungen eines Menschen. Oder anders gesagt: Es kann sein, dass in der religiösen Sozialisation, in der religiösen Erziehung tradierte Muster, Vorstellungen, Lehren und Normen so sehr verinnerlicht wurden, dass im Verlauf der weiteren Jahre kaum mehr Entwicklung in der Religiosität stattfinden kann, weil es immer als Verstoß gegen diese verinnerlichten religiösen Inhalte und Gebote empfunden wurde. Es kann auch sein, dass sich eine Person, die so religiös sozialisiert wurde, bei Brüchen zwischen Religion und anderen Lebensbereichen sich der Religion entledigen und »Religion« hinter sich lassen musste, um die Brüche zu ertragen und in den anderen Lebensbereichen handlungsfähig zu bleiben. Oder es kann sein, dass ein Mensch von der anerzogenen zu selbstverantworteter Religiosität findet, was oft zu Konflikten zwischen Religion und Religiosität führt.

Nun – konkreter beschrieben ist dies weit verbreitet: Zahlreiche Menschen in unserer Kultur sind mit der religiösen Norm erzogen worden, dass eine Partnerschaft nicht mit Trennung und Scheidung enden darf, und sollte dies doch geschehen, zumindest keine weitere Liebesbeziehung und Partnerschaft erlaubt ist. Da diese Norm auch mit der Angst vor möglichem Verlassenwerden verbunden ist, ist die Norm selbst häufig unbestritten. Dennoch erleben Menschen, dass Partnerschaften nicht die Stabilität haben, die sich Menschen wünschen, dass eine Trennung manchmal der erträglichere Schritt ist … Im Erleben verändert sich teilweise der gefühlte Wert, im Erleben bleibt Trennung meist schmerzhaft, wird aber in und durch die Trauer erträglich und ist vor allem im Verlauf des eigenen Lebens nicht umkehrbar. Also braucht ein Mensch innere Deutungen und äußere Erklärungen, um diese Erfahrung zu verarbeiten. Die Deutung der Religion, dass dieses Ereignis nicht sein darf, wird dann relativiert oder abgelehnt, um an der Erfahrung nicht zu zerbrechen. Und so kann es auch kommen, dass ich mit der Ablehnung einzelner (für mich wichtiger) religiöser Deutungen Religion insgesamt ablehne.

Vieles im persönlichen Erleben kann ich religiös deuten und verarbeiten: Erfahrungen von Identität, von Sexualität und Beziehungen, die eigene Entwicklung im Verlauf von Lebensabschnitten, manchmal von innen her gesucht, manchmal von außen angestoßen, Erfahrungen von Schuld und Versöhnung, von Gelingendem im Leben, von Scheitern und Neubeginn … Was davon im persönlichen Erleben zur »Erfahrung mit Heiligem« werden kann, was mich öffnen kann für Momente von Glück und Erfüllung, kann im Kontext von Religion jedoch anders, manchmal auch abwertend gedeutet werden.

Berührt werden

Karger Tag
will nicht
stumm sein
die Haut ist
stumm
was vermag da
der Mund

Birgit Keller[7]

Es macht traurig, die Kraft zu sehen, die im Zorn oder in der Abgrenzung oder in der Einsamkeit gebunden ist. Es macht traurig zu spüren, wie hinter oft heftigen, auch abwehrenden Gefühlen eine Sehnsucht durchschimmert, berührt zu werden – von Worten, einer Geste, oder einfach der Begegnung mit einem anderen Menschen. Zu merken, dass wir wirklich gemeint sind, dass jemand im Kontakt wirklich mich meint, meine Person, mich wahrnimmt, mir zuhört, mich zu verstehen versucht, auch wenn ich vielleicht gar nicht so einfach zu verstehen bin. Und es macht auch glücklich, diese Sehnsucht in einem Menschen zu spüren – denn sie gibt uns eine Spur, berührbar zu bleiben und uns Berührung zu wünschen.

Immer sind es
die Menschen

Du weißt es

Ihr Herz
ist ein kleiner Stern
der die Erde
beleuchtet

Rose Ausländer[8]

Es ist ein »heiliger« Moment, wenn mich etwas berührt, ein Blick, ein Klang, ein Musikstück, ein Sternenhimmel in der Nacht oder die Äußerung eines Kindes. Ich kann diese Erfahrung nicht »machen«, ich kann sie nicht erzwingen, aber ich kann mich bereitmachen, ich kann mich öffnen – in meinem Inneren, mit meiner Wahrnehmung und meiner Aufmerksamkeit, mit meiner Achtsamkeit. Manchmal aber ist das Tempo in unserem Leben so schnell oder die Aufmerksamkeit blockiert. Manchmal spüre ich mich selbst kaum, ich funktioniere, aber bin selbst nicht mehr durchlässig für Gedanken und Empfindungen, die mich beschäftigen, die mich berühren könnten. Dann ist es auch schwierig, von etwas oder von jemandem, auch von mir selbst, berührt zu werden. Vielleicht ist es auch schmerzhaft, weil mich eine alte oder eine gegenwärtige Trauer beschwert, Überforderung oder das Gefühl, ein wenig einsam zu sein. Vielleicht aber wird einfach spürbar, dass ich gar nicht so genau weiß, wie es mir selbst geht, was mich beschäftigt, dass ich mich schon etwas länger »verloren« habe – irgendwo im Alltag.

Im Inneren berührt werden, gesehen werden – mit meinen Verletzungen, mit den Wunden … – in den Evangelien werden immer wieder Momente in der Begegnung mit Jesus erinnert, in denen ein Mensch gesehen wird oder sich zu zeigen wagt: Die blutflüssige Frau, von der es heißt: »Sie sagte ihm die ganze Wahrheit« (Mk 5,33). Was sagt eine Frau mit einer solchen Geschichte, wenn sie die ganze Wahrheit sagt? Was wird sie erzählen, von Gewalt, von Ausbluten, von der Sehnsucht, sich zu öffnen, und von der Angst, wie verletzlich ich bin, wenn ich mich öffne …Von dieser Frau soll im nächsten Abschnitt noch ausführlicher die Rede sein.

Oder Thomas, der Zweifler, der Ungläubige, wie er fälschlicherweise oft genannt wird (Joh 20,24–29). Er wagt zu fragen, auch wenn das als störend empfunden wird. Er will sehen und begreifen, er wagt es, die Wunden zu berühren, vielleicht direkter gesagt, in die Wunden zu fassen. Sie haben vermutlich auch schon einmal bei jemandem die Finger in die Wunden gelegt, bei Ihrem Partner, einer Freundin … Und dabei die andere Person berührt, aber vielleicht auch beschämt, weil plötzlich gut verdeckte Wunden sichtbar werden, weil der Schmerz und die Scham spürbar werden, weil wir oft wie unverwundbar durch's Leben zu gehen versuchen. Erst bei näherem Hinsehen entdecken wir die Wunden, die ein Mensch mit sich trägt, bei uns selbst, bei anderen. Thomas, so heißt es nach Jesu Tod und Auferstehung, traut sich, die Finger in die Wunden zu legen. Er macht sich dadurch bei den anderen Aposteln, seinen Kollegen nicht beliebt, es führt zu Widerspruch, zu Konflikt. Aber – schlussendlich – ermöglicht es eine neue Erfahrung, eine neue Art von Berührung.

Im Lesen der Heiligen Schrift, der Bibel verbindet sich Religion und Religiosität. Die Bibelleserin bzw. der Bibelleser bringt – die Botschaft in Sprache fassend – sich selbst mit ein ins Erzählen dieser »Frohen Botschaft«, der Botschaft von der befreienden Veränderung. Ein Beispiel sei an dieser Stelle zur Konkretisierung angeführt: Aus dem Markusevangelium (Mk 7,31–37) greife ich einen Aspekt heraus:

Taubstumm – das Ohr eines Menschen, eines Mannes, so heißt es in dem Bibeltext, ist so verstopft, dass er mit dem Hören auch das Sprechen verlernt hat (oder es nie lernen konnte). Es scheint in diesem Textabschnitt nicht um das

Verständnis für das Leben als Taubstummer zu gehen, nicht um die kommunikativen Leistungen von taubstummen Menschen. Im Duktus des Markusevangeliums wird ein Mann vorgestellt, der nicht mehr hört, was andere sagen, weder seine Frau noch seine Kinder, seine Kolleginnen und Kollegen oder seine Mitarbeitenden, noch hört er Gottes Wort. Ein Mann hört nichts mehr und hat selbst die Sprache verloren. Er hört nicht mehr nach außen und er hört nicht mehr nach innen ... Er hat auch keine Sprache mehr, um auszudrücken, was er erlebt und was andere betrifft. Ein Mann ist aus der Kommunikation gefallen. Mag sein, dass er abends noch nach Hause kommt, dass er noch wahrnimmt, dass andere Menschen um ihn sind, aber er kann sie nicht mehr hören, und – er kann nicht mehr von sich erzählen, was ihn glücklich macht, er kann nicht mehr sagen oder klagen oder herausschreien, was ihn bedrückt und kränkt, was andere bedrückt und kränkt.

Aber immerhin – es gibt Menschen, die die Hoffnung um diesen Mann nicht aufgegeben haben. Sie bringen ihn zu Jesus. Er kommt nicht mehr selbst, »man brachte ihn« – so heißt es bei Markus, und es ist gut, dass jemand noch Hoffnung hat und sich mit diesem »Taubstummen« auf den Weg macht. Es gibt noch jemanden, der ihn wieder als Sohn, als Partner, als Vater haben will ... »Man brachte Jesus einen Taubstummen und bat ihn, er möge ihn berühren« (V.32). Vielleicht müssen wir wieder unsere Taubstummen zu Menschen wie Jesus bringen, denen wir zutrauen, dass sie sie berühren, dass sie aus ihnen wieder Menschen machen, die hinhören und die von sich reden, wenn sie reden ... Es könnte aber auch sein, dass wir selbst gemeint sind, dass wir uns berühren lassen, um wieder hören, um wieder reden zu können?

Die Bibel erzählt Geschichten. Sie ist kein Lehrbuch, sondern ein Buch des Lebens, ganz konkret: Musik, ein Lied, eine biblische oder eine andere Geschichte, ein Gedicht, ein Bild – es »fährt ein«, es trifft etwas in mir, es berührt mich. Diese herausgehobenen, diese besonderen Momente, in denen wir berührt werden oder bei jemand anderem etwas berühren, sind nicht immer einfach. Aber es sind die Momente, die in Erinnerung bleiben, in unseren beruflichen und vor allem privaten Beziehungen, in unserem Umgang mit uns selbst.

Befreiende Berührung hat und braucht ihre Zeit. Manchmal will ich mich gar nicht berühren lassen und auch niemand anderen berühren – ich kann Beziehung auch verweigern, und das ist mein gutes Recht. Und manchmal suchen wir es uns nicht aus, sondern es bricht ein, ich werde berührt, ohne dies bewusst zu steuern, ohne es bewusst zu wollen.

Das Geheimnis ahnen

Ehrfurcht, Verehrung … – das sind alte, für manche Menschen veraltete Worte. Dennoch: Es gibt einen anderen, neuen Blickwinkel auf das eigene Leben, wenn wir wieder damit rechnen, dass die eigene Biografie und das Leben selbst ein großes Geheimnis bergen. Aufgabe religiösen Lernens ist es, mit dem eigenen Geheimnis in Berührung, und miteinander dem Geheimnis auf die Spur zu kommen. Respekt und Toleranz liegen dieser Qualität von Begegnung zugrunde.

Dies verändert uns selbst, dies verändert diejenigen, die andere lehren, denn wer selbst damit rechnet, dem »großen Geheimnis« in der eigenen Biografie und im Leben anderer auf die Spur zu kommen, wird sich selbst und anderen Menschen vielleicht auch mit mehr Respekt und Ehrfurcht begegnen. Vielleicht klingt das ungewohnt für Sie: eine Ahnung haben vom »Heiligen«, von diesem »Besonderen«, dem »Herausgehobenen«, wie das Wort »heilig« aus dem Hebräischen am besten übersetzt ist.

Dem Numinosen, dem Göttlichen zu begegnen, dem faszinierend-erschreckend Anderem – manchmal erleben wir das, z.B. wenn wir einem Menschen begegnen, der uns fasziniert, der »die Seele berührt«, eine seelenverwandte Person, die mich nicht loslässt. Berührt von dieser Begegnung merke ich, dass ich mich einlasse auf die Person, dass ich mich einer Dimension öffne, die kognitiv nur teilweise zugänglich ist. Kognitive Fähigkeiten sind notwendig, um denkerisch zu erfassen, was wir erleben, kognitive Fähigkeiten helfen uns, Erlebtes einzuordnen, zu deuten und es für weitere Erfahrungen wieder zugänglich zu machen. Die Erfahrung selbst aber kann uns vielfältiger berühren, es sind Szenen, die wir erleben, mit Bildern, Gefühlen und Gedanken.

In der Begegnung mit dem Heiligen ist zu fragen, was hilft, diese Dimension des »Herausgehobenen« zu erschließen. Der biblische Begriff von Wahrheit öffnet die Tür. Wenn die Bibel erzählt, wie der Evangelist Markus und die Menschen um ihn Jesus erlebt haben, dann sind wir mit einem Jesus konfrontiert, der sehr konkret in Beziehung tritt, der Menschen körperlich berührt, der weint und isst und trinkt und feiert … Eines Tages, so wird in Markus 5 erzählt, geschieht in dichtem Gedränge etwas, was Jesus zuerst nicht recht fassen kann. Jesus ist eigentlich mit dem Synagogenvorsteher Jaïrus auf dem Weg zu dessen Haus, da seine zwölfjährige Tochter dort im Sterben liegt und Jesus sie gesund machen soll. Auf diesem dringenden Weg – immerhin geht es um Leben und Tod für das Mädchen – kommt eine Frau, die an Blutungen leidet, dazwischen. Diese Frau ist nur durch ihre Krankheit beschrieben. »Blutflüssig«, das bedeutet, dass sie unrein ist und damit vom sozialen und rituellen Leben ausgeschlossen. »Blut« ist in der Bibel der Sitz des Lebens. So legen die Blutungen auch die Vorstellung nahe, dass ihr das Leben ausfließt, dass sie die Kraft verliert. Wir wissen nicht, was diese Frau konkret erlebt hat. Wir wissen aber, wie verletzbar Frauen in ihrem Intimbereich von Frausein und Sexualität sind. Ausführlich wird beschrieben, was jene Frau alles schon versuchte, um gesund zu werden; es heißt: Sie probiert alles, jetzt auch Jesu Heilkraft. Sie berührt den Saum des Gewandes Jesu, um von ihrem Leiden geheilt zu werden. Sie hat die Hoffnung auf wirkliche Begegnung aufgegeben, vermutlich sehnt sie sich dennoch danach, zu berühren und berührt zu werden. Aber sie handelt! Jesu Verhalten ist eigenartig, wenn er in diesem Gedränge fragt: »Wer hat mich berührt?«, die Jünger reagieren auch entsprechend. Die Frau aber, so heißt es, »sagte ihm die ganze Wahrheit«. Eigentlich wunderbar, Jesus auf dem Weg, um das Mädchen zu retten, wird im Gedränge berührt, und eine Frau fängt an, ihm »die ganze Wahrheit« zu erzählen. Es ist uns nicht überliefert, was sie da alles erzählt hat, vom Leben und vom Lieben, von Verwundungen und von Schmerz. Vielleicht können Sie sich ausmalen, was Sie selbst erzählen würden, wenn Sie jemandem »die ganze Wahrheit« erzählen könnten. Vielleicht erzählt sie Szenen des kleinen Mädchens, das sie gewesen ist, vielleicht erzählt sie von ihrer Liebe, sie erzählt, was sie erlebt hat und wahrscheinlich auch, was sie erleben musste, wie mit ihr umgegangen wurde. Jesus reagiert mit den Worten: »Dein Glaube hat dich geheilt.« Eigenartig, es war im ganzen Abschnitt nicht von Glauben die Rede, keine frommen Worte, keine Bekenntnisse, keine Titel, nur »die ganze Wahrheit« – und die Bibel nennt das »Glauben«. Glaube ist, so lernen wir hier, Vertrauen, wenn ein Mensch die Wahrheit des Lebens ansieht und auszusprechen wagt, wenn wir nichts beschönigen, wenn wir nicht nur Teilwahrheiten sagen und vieles verschweigen, wenn wir nicht verharmlosen ... »Geh in Frieden«, sagt Jesus, »geh versöhnt.«

Ich nenne Ihnen verschiedene Beispiele, die Sie vermutlich selbst kennen: Begegnungen und Lebenssituationen, die keine Atmosphäre bieten, ehrlich zu bleiben, die Wahrheit zu sagen, auszusprechen, was wir sehen und fühlen. Sie kennen vermutlich Situationen, in denen wir vorsichtig sein müssen, taktieren, überlegen, was wir sagen; Begegnungen, in denen unser Leben und unser Leiden oder auch unsere Freude gar nicht gefragt sind, in denen wir keine »Öffentlichkeit«, keine Aufmerksamkeit, keine Achtsamkeit erhalten; Begegnungen, aus denen wir leer nach Hause gehen. Es sind Erfahrungen von Missachtung, von Abwertung, auch Gewalt, in der eigenen Familie, in der Partnerschaft, im beruflichen Alltag ... – Die biblische Überlieferung ermutigt, die eigenen Erfahrungen ernst zu nehmen, die »Wahrheit des Lebens« zu sehen und zu erzählen und aus einer solchen Begegnung »in Frieden« zu gehen, versöhnt weiterzugehen.

Die Geschichte mit der jungen Frau geht auch gut aus. Mit zwölf Jahren standen zur Zeitenwende junge Frauen an der Schwelle zum Erwachsenwerden. Die Tochter des Jaïrus ist in Gefahr zu sterben, anstatt erwachsen zu werden. Sie hat keinen Namen, sie ist noch Tochter, Tochter des Synagogenvorstehers. Das »Totsein« der jungen Frau erlaubt keine Öffentlichkeit; im geschützten Raum des engsten Kreises findet die junge Frau wieder zum Leben. Vieles bleibt offen, wir wissen nicht, was genau geredet wurde, was genau geschehen ist. Das scheint alles nicht wichtig zu sein. Erst in der Begegnung wird das Wesentliche, das Wichtige sichtbar und diese Begegnungen sind so verschieden wie die betroffenen Menschen. »Das Geheimnis ahnen« – es ist kein Versprechen auf Erlösung, sondern eine Einladung …

Erzählend werden

Wenn Gott sich in den Biografien der Menschen ereignet, dann müssen wir uns selbst und andere ermutigen, die eigenen Geschichten zu erzählen, sie manchmal auch aufzuschreiben, um das Erzählen zu konzentrieren, zu unterstützen.

Eigenes erzählen – meine und deine Geschichte, wie das war, mit der Angst und der Liebe, den Sorgen und den peinlichen Momenten. Scham und Schuld, Glück und Freude – die Vielfalt wieder zu entdecken, die wir in uns tragen, die wir erleben können. Berührend der Moment, in dem der Vater eine Geste des Trostes findet, ein kurzer Augenblick, in dem Vater und Sohn sich ein paar Sätze sagen können, wie sie zueinander stehen, wie sie sich mögen, auch wenn die Nähe oft den Blick aufeinander verstellt hat, wenn Erwartungen aneinander manchmal die Begegnung behindert haben, weil Enttäuschungen im Vordergrund standen. Oder der Moment, in dem die Mutter, weicher als sonst, vergisst, was die anderen denken könnten, sondern sich engagiert für das eigene Kind, wenn Notlügen zum Schutz wichtig sind, obwohl es natürlich »Lügen« bleiben. Oder aber Momente von Beschämung, irgendwie anders sein zu sollen, irgendetwas falsch zu machen, irgendwie daneben zu sein …

Religion lernen und lehren heißt, die eigenen Geschichten und die Geschichten anderer zu erzählen, die Geschichten von damals, als alles noch »wüst und leer« war und Himmel und Erde noch nicht geordnet (Gen 1,3). Die Geschichten der Gewalt, unlösbar, Kain und Abel und der Mord (Gen 4,1–16), aber auch die Geschichten der Gewalt, die gelöst werden, Esau und Jakob, auch dort der Schwur zum Mord, und dann dennoch – nach vielen Jahren – Versöhnung (Gen 27–33). Die Geschichten von der großen Flut und der wunderbaren Rettung (Gen 6–10) … Daraus lässt sich nicht einfach »Glaube« bewirken, aber – in den kleinen und großen Geschichten der Menschen kann es Momente des »Heiligen« geben, Bruchteile einer Begegnung. In dem Moment von Hoffnung, wenn einer in einer Flut von Gewalt ein Kästchen baut (Gen 6,13–22) und die ganze Schöpfung retten wird, einer, dessen Name es ist, zu trösten – Noah (Gen 5,29). Manchmal müssen wir »Kästchen« fürs Überleben bauen, wie Noah und die Mutter des Mose (Ex 2,1–3) und viele andere auch. Und dann müssen wir – wenn das Überleben wieder sicherer scheint, darauf hoffen, dass jemand das Kästchen aus dem Wasser fischt und es öffnet und wieder Leben ermöglicht mit festem Boden unter den Füßen (Ex 2,4–10). Oder wir müssen vertrauen, dass das Wasser zurückgeht und wieder ein Fenster geöffnet wird – und auch so der Boden unter den Füßen wieder fest wird (Gen 8). Es ist nicht leicht, nach einer Flut von Gewalt und Terror das Fenster wieder zu öffnen, das wissen Frauen und Männer, die Gewalt erlebt haben, das wissen Kinder, wenn der Schulweg anderer Kinder wegen zur Qual wird. Die Bibel redet von 40 Jahren, diese symbolisch mehrfach mit Veränderung und innerem Reifen in Verbindung gebrachte Zahl – vielleicht sind es ein paar Jahre mehr oder weniger. Das Leid, das einem Menschen, einer Generation zugefügt wurde, wirkt weiter, das wissen wir, das erleben die Opfer, das wissen auch die Täter.

Die Sprache der Märchen

Die Geschichten, mit denen wir leben, sind vielfältig. Wissen Sie noch, welches Ihr Lieblingsmärchen als Kind war? Welche Märchen kennen Sie denn bis heute? Erinnern Sie sich z.B. an »Hänsel und Gretel«, an dieses »Lebensgefühl«, dass wir zu zweit fast alles auf der Welt bestehen können, dass wir es zu zweit schaffen? Märchen bebildern Entwicklungen, die nach außen erzählt werden, sich aber im Inneren abspielen. Ich kann Märchen als Geschichten erzählen, auf der Ebene der Story kann ich Schritt für Schritt die Stationen und die Bewährungsproben des Helden oder der Heldin beschreiben. Ich kann aber auch das Märchen nach innen lesen, als Bebilderung eines inneren Prozesses, als bildhafte Beschreibung, wie sich ein Mensch entwickelt. Wie eben »Hänsel und Gretel«, deren Zuhause allmählich kein Zuhause mehr ist, weil klar wird, dass das Zuhause ein Hunger-Ort mit unzureichender »Nahrung« ist. Was früher Heimat war, geht verloren. Noch wollen sich die beiden nicht auf den Weg machen. Sie wollen das Zuhause wahren und Hänsel versucht aktiv, den Weg zurück zu schaffen – bis es nicht mehr gelingt. Die beiden scheinen Glück zu haben: Aus der kargen Welt heraus kommen sie in die Fülle, doch diese ist trügerisch, was nach Erfüllung aussieht, wird zur Falle. Hänsel ist gefangen, passiv, von ihm kann keine Lösung kommen. Nun ist Gretel gefragt zu handeln, »Erlösung« zu schaffen, auch wenn sie dafür einen aggressiven Impuls braucht. Bis hierher ist das Märchen häufig noch bekannt, doch auch der Weg zurück bedarf der Aufmerksamkeit, geht es doch nicht um eine Rückkehr ins »traute Heim«, sondern um ein Zurückkehren auf einer anderen Ebene. Die beiden, die ihren Weg so gemeinsam gemeistert haben, müssen sich gegen Ende des Märchens trennen, um über einen See zu kommen. Ein weißes Entchen kann sie nur einzeln hinübersetzen – ein wunderbares Bild, wissend, dass es auch in intensiven Beziehungen Schritte gibt, die wir alleine machen, Punkte, an denen wir auf uns selbst zurückgeworfen sind. Immer wieder arbeite ich mit Menschen, deren Grundgefühl ein »Hänsel-und-Gretel-Gefühl« ist: ein »im Inneren meiner Seele bin ich gebunden«. Und es ist ernüchternd, diesen Schritt zu ertragen, den ich alleine gehe, ja gehen muss. Wunderbar erzählt, dass Hänsel und Gretel dann mit den Schätzen der Hexe zurückkehren. Nicht mehr die beiden Kinder mit Brotbröseln und Kieselsteinen stehen vor uns, sondern eine erwachsene Frau, ein erwachsener Mann stehen vor uns – mit den Schätzen der Hexe. Vielleicht haben Sie auch solche Wege gemacht. Nicht ganz einfach vermutlich, im Hexenhaus, im Hexenkessel nicht unterzugehen, sondern »Oberwasser« zu bewahren, sich aus dem Käfig zu befreien und aus diesem Drama, aus dieser Bedrohung sogar noch Schätze mitzunehmen. Solche Wege sind es wert, erzählt zu werden, ohne zu bewerten, zu beschönigen oder zu dramatisieren, einfach davon erzählen – unsere eigenen Märchen.

Vielleicht aber ist Ihr Märchen, wie aus einem Frosch ein Mann wird, wie aus einer verwöhnten Prinzessin eine beziehungsfähige Frau wird? Vielleicht kennen Sie das Gefühl, dass andere Menschen wichtiger sind als Sie selbst, dass es beim Aschenputtel nicht darum geht, dass sie schön bescheiden bleibt und dann schon erwählt wird, sondern dass sie tanzen geht, auch wenn es für sie nicht vorgesehen ist, dass sie es wagt, nach vorne auf die Tanzfläche zu treten

… Vielleicht ist Ihr Märchen das Dornröschen, nicht wegen des Dornröschens, sondern wegen der vielen jungen Männer, die – wohl unerfahren – sich in den Dornen verheddern und die junge Frau gar nicht berühren können. Vielleicht wegen des jungen Mannes, der – geschult und begleitet von einem weisen Mann, wie es im Märchen heißt – die Dornenhecke überwindet und die junge Frau »küssen« kann, ihren Körper und wohl auch ihre Seele berühren kann … Ein Stück vom Geheimnis zu ahnen, das wir als Menschen sind, lässt uns Geschichten erzählen, Märchen – und auch Träume.

Die Sprache der Träume

Aus der Nacht nehme ich Bilder mit in den Tag, Stimmungen und Eindrücke, die in den Träumen aufgetaucht sind. Oft nicht bewusst erinnert, bleiben sie manchmal als Stimmungen in den Tag hinein hängen, diese Boten aus der Nacht, manchmal chaotisch, manchmal nah an unseren Wünschen und manchmal irritierend eigenwillig. Mit dem Tagbewusstsein erschließen sie sich häufig nicht, mit der Logik, mit der unser Denken bei Tag funktioniert, können wir die Träume oft nicht verstehen. Oft ist es eine Aneinanderreihung von Bildern – Menschen sagen mir dann: Ich habe gestern geträumt, ganz komisch – und fast mit etwas Scham wird erzählt, welche Bilder die eigene Psyche sich schafft, um sich auszudrücken. Es braucht ein wenig Übung, bis ich mich zu freuen lerne über die Vielfalt, die da am Rande und außerhalb der bewussten Kontrolle in meinem Inneren entsteht. Jüdische und christliche Religion haben die Kraft der Träume immer zu schätzen und zu nutzen gewusst: Im Traum hat Josef schrittweise verstanden, was als Nächstes zu tun »das Richtige« ist, auch wenn es das Unübliche, das Ungewohnte war (Gen 37,5–11). Maria ist schwanger, es wäre »richtig«, sie zu verlassen und damit öffentlich zu machen, dass das erwartete Kind von Josef nicht als eigenes Kind angesehen wird. Das dank eines nächtlichen Engelswortes an Josef akzeptierte Kind (Mt 1,18–24) ist abermals bedroht, und wieder findet Josef im Traum den Weg, den es zu gehen gilt (Mt 2,13–23).

Oft sind es nicht die inhaltlichen Bilder, die uns in den Träumen hilfreich sind, sondern das assoziative Verstehen, die Gedanken, die mir zum Traum einfallen, die Gefühle, die noch nachklingen, die Entwicklung, die Muster, die vielleicht erkennbar sind. So oder so, neben dem Erzählen geben uns Träume eine Spur zu uns selbst. Berührt werden, das Geheimnis ahnen – in unseren Träumen, bei Tag und bei Nacht, können wir dieser Dimension begegnen.

Auch hier erzählt uns die religiöse Tradition Beispiele, um uns zu ermutigen, Träume nicht nur in der Religion weiterzuerzählen, sondern dieser Dimension auch in der persönlichen Religiosität zu trauen. Wenn Sie am Morgen wie gerädert aufwachen, kann Ihnen die Szene aus dem Leben des Jakob einfallen. Im 1. Buch Mose, Genesis 28, ist überliefert, dass Jakob in massivem Konflikt mit seinem älteren Bruder steht, den er um seinen Platz als Erstgeborener gebracht hat. Er hat zwar seinen älteren Bruder verdrängt, dieser aber schwört Rache. Jakob muss das Elternhaus verlassen und zieht zu einem Verwandten seiner Mutter, weit weg. Am Abend legt sich, so sagt der Text, Jakob auf einen Stein, um zu schlafen. Sie kennen das vermutlich, Nächte, in denen wir den Eindruck haben, wir schlafen auf einem Stein, so hart und so schwer, so verspannt und schmerzhaft. Jakob jedenfalls schläft auf einem Stein. Aber in dieser Nacht findet Bewegung statt zwischen Erde und Himmel (Gen 28,12–15). Im Traum wird verbunden und in Beziehung gesetzt, was bisher getrennt war. Das Erlebte kann neu gesehen werden, »in neuem Licht« – wie wir sagen. Und Jakob erlebt den erschlichenen Segen nochmals, Jakob erlebt etwas, das weder er noch seine Mutter Rebekka in die Hand nehmen und planen konnten. Wir wissen nicht genau, was sich alles abgespielt hat. Die Szene erinnert an Nelly Sachs, wenn sie schreibt: »Ihr Ungeübten, die in den Nächten nichts lernen. Viele Engel sind euch gegeben. Aber ihr seht sie nicht.« Wie immer: Jakob hat etwas verstanden. Am nächsten Morgen kann Jakob den Stein, auf dem er geschlafen hat, salben, wie wenn er mit dem Stein sein Leben und vielleicht auch seine Schuld salben würde, um sie zu heilen, um sie zu verändern. Sie bleibt, er stellt sie anschließend sogar als Mahnmal, als Erinnerungszeichen auf. Noch viele leidvolle Schritte muss er tun, bis er wieder zurückkommen und sich mit seinem Bruder Esau versöhnen kann – davon war schon die Rede. Doch Jakob hat in dieser Nacht verstanden: Gott war an diesem Ort, und ich, ich wusste es nicht. Dieser Ort, diese Nacht auf einem Stein ist ein Haus Gottes, sagt Jakob, es ist das Tor des Himmels. In dieser langen Nacht, in den langen Nächten auf einem Stein ist Gott zugegen, und wir, wir wissen es nicht ...

In solchen Nächten sind Träume »Hüter des Schlafes«, wie Sigmund Freud sagte. Der Traum geht nach einer anderen, uns meist fremden Grammatik, nicht linear-logisch, wie wir sonst zu denken gewohnt sind, sondern in assoziativen Bildern, die dem Bewusstsein nicht direkt zugänglich sind. Die Träume lesen zu lernen, zu verstehen, was wir denken, was wir empfinden und wie wir das verarbeiten – das lehrt uns diese Sprache der Nacht. Die jüdische Lyrikerin Mascha Kaléko beschreibt nach dem Tod ihres Mannes, wie mit dem geliebten Menschen die Träume verloren waren:

Ich träume nicht mehr,
Seit du nicht mehr aufwachst am Morgen,
Wenn die Morgenlandsonne glühend schreit
In deinem Balkonzimmer.

Kann keiner meine Träume deuten.
Nur der das Lächeln aufkeimen sah
In meinem Herzen
Und die Tränen reifen
Hinter meinem Auge.

Du hörtest mein Gras wachsen.

Schon fast dreihundert
Morgenlandsonnen –
Und du wachtest nicht auf.

Ich träume nicht mehr.
Wem sollte ich meine Träume erzählen?

Mascha Kaléko[9]

Menschen beschreiben, dass sie unter großem Druck zu träumen aufhören, dass erst nach überstandener Belastung die Träume wieder erinnert werden. Oder dass das Verlieren eines geliebten Menschen die Träume verändert, dass manche Träume immer wiederkehren, über viele Jahre hinweg, dass manche Träume in einem bestimmten Lebensabschnitt aufgetaucht sind und sich dann wieder verloren haben … Es ist interessant, meine eigene Traumsprache zu entdecken und teilweise zu verstehen.

Muster aus frühen Tagen verstehen

In Träumen, in Märchen und Geschichten begegne ich manchmal mir selbst, meinem Inneren, manchmal berührend intensiv und schön, manchmal wohl auch irritierend und erschreckend. Denn mir selbst zu begegnen heißt, meinen »Mustern« zu begegnen: In frühen Tagen unseres Lebens entwickeln wir eigene Möglichkeiten, mit denen wir mit anderen Menschen in Kontakt treten, mit denen wir Anerkennung suchen oder uns zurückziehen und abgrenzen, mit denen wir uns durchsetzen, anpassen, schützen – oder mit denen wir andere dazu bringen, uns zu mögen. Diese unsere »Muster« bleiben uns meist sehr lange erhalten, auf sie greifen wir in neuen und/oder schwierigen Situationen zurück. Es sind kreative Lösungen, mit denen wir Situationen, Wünsche, Empfindungen verarbeiten. Diese »Verarbeitungen« sind die jeweils besten und sinnvollsten, die uns damals im jeweiligen Alter zur Verfügung standen. Nur kann es sein, dass ein Muster, das in der Kindheit im Umgang mit z.B. nahen Menschen Bedeutung hatte und eine sinnvolle Möglichkeit des Kindes zum Gestalten der Situation und manchmal auch zum »Überleben« war, im Heute, im Hier und Jetzt, nicht mehr sinnvoll und hilfreich ist.

Menschen mit der Erfahrung von Krieg leben manchmal Jahrzehnte später mit und in den Mustern von Krieg, die ihr Empfinden und Verhalten immer noch prägen: Was immer schön ist, kann mir sofort wieder zerbrechen, ich lasse mich auf nichts und niemanden ein, meine Gefühle nehme ich nicht wahr, weil sie mich schwächen würden, und Schwäche heißt Tod. Oder – wohl viel unbeschwerter – kann in meinem Inneren wie unauslöschlich gespeichert sein: Ich sammle alles, alles könnte nützlich sein, wer weiß … Was in Zeiten des Kriegs nötig und vernünftig war, kann im Hier und Jetzt behindernd werden. Verständlich aber, dass frühe prägende Verarbeitungsmuster sich nicht einfach durch Verstand und Willen verändern lassen, dass sie uns vor allem emotional und in Stresssituationen prägen.

Eine Frau hat früh gelernt, dass ihre Wahrnehmungen und ihre Empfindungen keinen Platz haben, dass – in ihren späteren Worten – alle mit ihrem eigenen »Überleben« beschäftigt waren, nur eine Großmutter hatte inneren Raum für Lieder, für Geschichten, für emotional-fürsorgliche Gesten. Eine karge Welt, alle überlebten, aber das Leben selbst schien wie die »Sprache« verloren. Später dann hat die Frau sehr wohl gelernt, sich auszudrücken, ihrem Partner von sich zu erzählen, aber immer dann, wenn Erfahrungen belastend waren, brach das »alte Muster« durch – keine Worte, keine Sprache. Im Bewusstwerden tauchten Lieder der Großmutter auf – und es wurde deutlich: Wenn schon keine Worte, keine Sprache – wenigstens die Lieder der Großmutter, um nicht zu verstummen. Oder – ein junger Mann, in enger Beziehung zu seiner Mutter, immer auch überfordert durch diesen zentralen Platz an der Seite der Mutter, entwickelt sehr viele Fähigkeiten und Stärken aus dieser Erfahrung heraus. Dennoch erlebt er – wie es auch Märchen zu erzählen wissen – immer wieder eine gläserne Wand, hinter der er einsam ist und in Gefahr, verloren zu gehen. Erst als es in viel späteren Beziehungen gelingt, mit der Person hinter der gläsernen Wand in Berührung zu kommen, werden Schmerz und Glück deutlicher spürbar, bekommt die Sehnsucht nach wirklicher Begegnung wieder eine Stimme. Und es ist vermutlich leicht vorstellbar, dass es gar nicht so einfach ist, die Sehnsucht zu spüren, die vielen Gefühle, und auszuhalten lernen, dass diese Sehnsucht nur manchmal gestillt wird, dass Enttäuschungen bleiben, dass Begegnung in dieser Qualität nicht immer möglich ist. Menschen in Meditation erzählen ähnliche Erlebnisse, eine Dimension in der Begegnung zu erleben, manchmal zu spüren, wie intensiv Glück und Leiden zugleich sein können, wie nah Berührtsein und Alleinsein beieinanderliegen können, und diese Dimension selbst nicht herstellen, nicht schaffen zu können, sondern sie nur offen aufnehmen und annehmen, wenn sie sich ereignet.

Vor Missbrauch nicht gefeit

Religiosität zu verstehen und im Kontext von Religion auf eigene Religiosität zu blicken, lenkt notwendig auch den Blick auf die vielfältigen Formen der Gefährdung religiöser Entwicklung. Die Suche nach Schutz, nach Nähe und nach Sicherheit durch Religion, die Hoffnung auf Überwindung von Angst und Einsamkeit sowie die Hoffnung auf Unbegrenztheit, die Stärkung des Selbstwertgefühls und der Bindungen … All diese Sehnsüchte in uns Menschen können in der eigenen Religiosität einen Ort und einen Ausdruck finden. Sie können aber ebenso missbraucht werden, indem Menschen genau in ihrer Sehnsucht klein gehalten werden, indem die Erfüllung der Sehnsüchte durch Anpassung oder Unterordnung versprochen wird, indem das aktive Gestalten und Verarbeiten dieser Sehnsüchte durch religiöse Deutungen tabuisiert wird oder indem aus der Perspektive tradierter Religion unausgesprochen klar ist, wie meine Religiosität auszusehen hat, wie sie sich ausprägen und zeigen muss, sogar wie ich empfinden sollte.

Loslassen können

Dem »Besonderen«, »Heiligen« auf die Spur zu kommen, eröffnet einen sehr persönlichen Weg. Die Bilder im Inneren können einen Zugang schaffen, und zugleich können sie sich entziehen, wir können sie gestalten und ihnen inneren Raum geben – und sie können verloren gehen. Beim Einschlafen z.B. können wir bewusst in Gedanken und in Bildern den Tag loslassen, den Tag abschließen, wir können gute innere Orte finden, einen Gedanken, eine Bitte, eine Strophe wie ein Mantra betend wiederholen und uns selbst wie ein Kind in den Schlaf bringen. Und dennoch kann es Nächte geben, in denen sich trotz aller Technik entzieht, was nah am Bewusstsein und doch nicht ganz im Bewusstsein den Schlaf behindert und vielleicht auch verhindert. Es ist letztlich das Loslassen, Nicht-Festhalten und Nicht-bestimmen-Können – es ist wohl etwas vom Schwersten in unserem Leben.

In der christlichen Tradition wird erinnert, dass hinter allem aktiven Tun das Lassen steht, dass hinter dem Entwickeln und Aufbauen von Bildern das Loslassen dieser Bilder und Vorstellungen liegt, und dass hinter dem Loslassen und dem Verlieren der Bilder nochmals Gott selbst zu finden ist. Das sagt sich leichter, in den drei Kartagen vor Ostern wird rituell eingeübt, was so schwer erträglich ist. Die Verzweiflung über einen Verlust, den Verlust von liebsten Menschen, den Verlust von Gesundheit, den Verlust von Sicherheit, von subjektiven Sinnkonzepten, von Bildern der Kindheit usw. Hinter den Bildern aber ... – wer es erfahren hat, weiß es – lässt sich (manchmal) ein letzter

Grund finden. Eine Hand, die hält, ein Fels, der trägt, ein Antlitz, das leuchtet … – es sind Erfahrungen von Begegnung, ein Gegenüber kann aufscheinen. Diese in der jüdischen und christlichen Bibel überlieferten »Art«, in der sich Gott zeigt, braucht die offene Bereitschaft des Menschen, damit sie zu verinnerlichten Bildern werden kann. Menschen vor unserer Zeit und in unserer Zeit haben ihre Erfahrungen mit »Gott« beschrieben, ohne damit die Unterschiede in der Erfahrung und den Bildern zu dem, was die Menschen »Gott« nennen, zu übergehen. Die Überlieferungen können uns anregen, unsere eigenen Momente wahrzunehmen und ihnen Sprache zu geben. Und im Niederschreiben dieser Gedanken bleibt der Stachel, für sich selbst nicht mit letzter Sicherheit sagen zu können, ob im Ernstfall trägt, was ich glaube. Es bleibt der Stachel, dass es schwer sein kann, im Fallen wirklich zu vertrauen, dass da eine Hand ist, die hält, dass wir hinter dem Loslassen nicht bodenlos fallen.

Ein Mann, Ende 50, erfolgreich aufgrund eigener Anstrengung, realisiert schrittweise, wie schwer es ihm fällt, sich auf jemand andern zu verlassen, sich einzulassen und dem Gegenüber wirklich Vertrauen zu schenken. Das Gegenüber nicht nur zu nutzen, für berufliche und private Bedürfnisse, sondern zu mögen, zu lieben. Innewerdend, zwar viele Kolleginnen und Kollegen sowie Menschen zu haben, die ihn lieben, aber selbst nicht wirklich lieben zu können, das zu realisieren und zu spüren kann beschämend, kann ernüchternd sein. Die Scham, nicht zu lieben, kann auch verdecken, sich selbst als nicht liebenswert zu empfinden. Ich habe »Scham« gesagt, es kann auch Angst sein oder ein anderes Empfinden. Sich auf Beziehung einzulassen, macht spürbar, dass in der Liebe Ohnmacht erfahrbar wird, dass in der Liebe Kontrolle nicht möglich ist, dass es gar nicht einfach ist, dem anderen Menschen so zu trauen, dass ich mit dem Nicht-Kontrollierbaren leben kann. Im Lieben erlaube ich dem anderen, dass er mich auch verletzen kann, dass ich die Ohnmacht aushalten werde, den anderen möglicherweise zu verlieren, dass mich aber diese Angst vor dem Verlust nicht daran hindert, Liebe zuzulassen. Loslassen, nicht weil ich es mir aussuche, sondern weil es das Leben immer wieder von mir fordert – loslassen von Vorstellungen und Bildern, von Gefühlen und Menschen …

Versöhnt leben

Ein großes Wort: »versöhnt«. Oft sind wir froh, überhaupt einen Menschen zu haben, der uns kennt, der um uns weiß, der uns unterstützt und auch Fehlentwicklungen bei uns anspricht – und den wir so mögen, dass wir bereit sind, auch Kritisches zu hören. In der christlichen Tradition, der Religion, stand in den letzten Jahrhunderten, wenn es um Fehler, um Schuld ging, die Betonung von Einzeltaten im Vordergrund. Im Blick darauf waren Menschen angehalten, ihr Verhalten zu prüfen: War diese eine oder andere Tat richtig oder falsch, moralisch gut oder verwerflich? Wir haben vermutlich oft erlebt, dass das im eigenen religiösen Empfinden nicht wirklich hilfreich war, dass es weder unser Verhalten noch unsere Einstellung nachhaltig verändert hat.

Eine wichtige Unterscheidung ist dadurch verloren gegangen, nämlich zwischen existenzieller Schuld und Tatschuld. Das lateinische Wort »debitum« beschreibt Existenzialschuld, Schuld als grundlegendes Phänomen menschlichen Daseins. »Debitum« kann ein in seiner Entfaltung gehemmtes Leben sein, ein zum Stillstand gekommenes Leben, Verfehlen der eigenen Bestimmung, Versäumen potenzieller Möglichkeiten, ein nicht-erfülltes Leben. Debitum gibt dem Menschen Verantwortung, auch für sein Getriebensein, für sein Gewordensein; der Mensch ist – so verstanden – verantwortlich, auch für sein Nicht-verantwortlich-sein-Wollen.

Existenzielle Schuld liegt dem Handeln voraus. Leben beinhaltet den Preis des Schuldigwerdens, weil ich bei allem Bemühen mir und anderen etwas schuldig bleibe, weil wir auf Kosten anderer leben, weil … Intuitiv spüren wir manchmal, es passt nicht mehr, ich muss etwas verändern, so kann ich nicht weiterleben. Oder: Alle finden gut, was ich tue, ich aber merke, dass ich gegen meine eigenen Werte lebe oder dass mir sehr Liebes auf der Strecke bleibt. Da geht es nicht um einzelne Taten, sondern um die Richtung in meinem Leben. Häufig ist eine Entscheidung notwendig. Den Verstand brauche ich dann, um meine Entscheidung vor mir selbst zu verstehen, einzuordnen, auch zu prüfen. Begleitung von außen in diesen oft schwierigen Prozessen soll und kann mich sicherer machen. Diese Dimension von »Schuld« ist in vielen Geschichten der Weltliteratur als »tragisch« beschrieben, Verstrickungen und die Unmöglichkeit zu entkommen machen ohnmächtig, zornig, resignativ. Diese existenzielle Dimension gehört zur Erfahrung der erwachsenen Person, sie gilt es anzuerkennen.

Schuld kann im Sinne der lateinischen »culpa« auch Tatschuld oder Unterlassung, sittliche Schuld sein. »Culpa« meint das Schuldigwerden im Sinne eines Fehlverhaltens, einer Tat, die als falsch angesehen wird. Dabei wirkt eine innere Instanz, die bewertet und verurteilt, teils von außen an uns herangetragen, teils in uns entwickelt, Gewissen genannt im Sinne der lateinischen »Con-scientia«, der Mit-Wisserin. Diese Art von Schuld ist abhängig vom jeweiligen Normsystem und Kontext, ist zweigeschlechtlich und historisch eingebettet. Zweigeschlechtlich meint, dass Einzeltaten teilweise zwischen den Geschlechtern unterschiedlich beurteilt werden, so wird ein Vater, der seine Kinder nach einer Trennung kaum mehr sieht, weniger negativ bewertet als eine Mutter, die ebenso handelt.

Schuldgefühle können sich sowohl mit existenzieller Schuld als auch mit Tatschuld verbinden, sie müssen es aber nicht. Das subjektive Empfinden von Schuld im Sinne von Schuldgefühlen ist nicht notwendig mit faktischen Taten oder existenziellem Verfehlen verbunden. Schuldgefühle zielen auf das eigene Erleben der Person. Verschiedene Arten von Schuldgefühlen lassen sich differenzieren. Allein die Tatsache, auf der Welt zu sein, zu leben, sich durchzusetzen, andere übertreffen zu wollen, etwas haben zu wollen, aber auch autonom zu sein, sich abzugrenzen und eigene Wege zu gehen ... – alle Erfahrungen des Menschen können von Schuldgefühlen begleitet sein. Jede Erfahrung kann sich mit Schuldgefühlen verknüpfen, zu jeder Tat kann sich ein Schuldgefühl gesellen – oder auch nicht.

Auch der Begriff »Sünde« kann nochmals differenziert werden: Das griechische »hamartia«, »Sünde«, meint ursprünglich: »mit einer Steinschleuder ein Ziel treffen oder eben verfehlen, egal ob absichtlich oder unabsichtlich«. Nur im Kontext einer bestimmten Ausrichtung und eines bestimmten Ziels (z.B. im religiösen Verständnis) macht es Sinn, davon zu sprechen, dass wir über's Ziel hinausschießen, es verfehlen, es aus den Augen verloren haben ...

Mich schuldig zu fühlen, mir oder anderen etwas schuldig geblieben zu sein, oder genau die Spannung zu erleben, dass ich mir etwas schuldig bleibe in Rücksicht auf mir liebe Menschen und umgekehrt, dass ich schuldig werde an einer anderen Person, oder im Handeln gefehlt zu haben – all das kann Wiedergutmachung erfordern. Eine innere, eine verinnerlichte Angst kann auftauchen, die Bestrafung erwartet, um das eigene Fehlen wieder auszugleichen, vielleicht in ritualisierten Formen. Ich mache durch meine Rituale, durch meine Handlung wieder gut, wo ich gefehlt habe.

Riten und Rituale

Religionen zeigen ritualisierte Wege, sie bieten Riten und Rituale an – zum Gebet, zur Meditation, zur Versenkung, für verschiedene Emotionen, für verschiedene Situationen. Rituale mit Worten, Klängen, Liedern, Bildern öffnen einen »Raum«, in dem Menschen in ihrer Unterschiedlichkeit Platz finden, ohne festgelegt zu werden. Der Begriff »Ritus, Ritual« stammt vom hinduistischen Sanskritwort »rita, ruta« und meint übersetzt »Grundordnung«. Rituale und Riten sind geprägt von der Wiederholung, vom Tun, von der Stilisierung (d.h. eine Handbewegung wird zur Geste), von der Ordnung (sie haben einen Anfang und ein Ende, sie brauchen Vorbereitung). »Ritus« ist ein Sammelbegriff für kollektive Symbolhandlungen und wird vor allem religiös verwendet. Rituale und Riten sind über die Sinne wahrnehmbar, sie sprechen immer mehrere Sinne an und wollen als sinnvoll erlebt werden. Riten stiften Gemeinschaft, sie verbinden Menschen miteinander. Riten sind ambivalent, sie sind kulturübergreifend und zugleich kulturspezifisch und an die Traditionen der Menschen, die diese Symbolhandlungen ausführen, gebunden. Rituale und Riten helfen, Dinge, die in uns sind, zu objektivieren und nach außen sichtbar zu machen; sie erlauben und steuern Emotionen, indem sie ihnen Raum geben und sie zugleich im Rahmen halten, sie vermitteln Identität und Zugehörigkeit. Darin liegt auch die Gefahr der Manipulation und der totalen »Wir-Identität«. Als »Rites de passage«, Übergangsriten, prägen sie markante Punkte im Lebenszyklus. Sie sind angesiedelt zwischen Loslassen des Alten und Zugehen auf Neues – verbunden mit dem Ziel, Hoffnung zu stärken und Angst zu mindern.

Natürlich – kognitiv ausgebildet und der Aufklärung verpflichtet, haben wir gelernt, dass sich das Denken vor der Vernunft verantwortet, dass unser Nachdenken schlüssig und widerspruchsfrei ist, unabhängig von der Person und für andere mitvollziehbar. So können, so müssen wir auch über Religion, über Religiöses sprechen. Riten und Rituale sprengen diesen Zugang immer wieder, sie ermöglichen Erfahrungen, die kognitives Erleben überschreiten. Wenn nach langem Bemühen und Warten sich endlich die ersehnte Schwangerschaft einstellt, kann eine Wallfahrtskirche zum Ort werden, an dem die werdenden Eltern nach jeder Untersuchung, bei der auf Großbildschirm das noch nicht geborene Kind sichtbar wird, eine Kerze anzünden, mit den eigenen Bitten verbunden – wer mag urteilen über ein solches Tun? Das Ritual gibt einen Rahmen, eine Form, eine »Ordnung«, um das zu fassen, was im Inneren sich auftut – Freude und Glück, Unsicherheit und Angst … Auch am anderen Ende des Lebens. Es zeichnet sich ab, dass die Kräfte des Körpers abnehmen, der Sterbende willigt innerlich ein – es ist unendlich traurig und zugleich gut so. Was wäre, wenn wir keine Formen, keine Ordnung hätten, die hilft zu tun, was zu tun ist, die Orientierung gibt, welche Worte gesagt werden können, welche Handlungen vollzogen werden sollen, wer wo seinen Platz hat. Der Trauer einen Rahmen geben, wenigstens in den ersten Tagen. Danach kommt sie sowieso – wahrscheinlich – unkontrolliert in Wellen, nicht planbar, wieso sie mich genau in dem Moment überfällt, und wieso am nächsten Tag keine Tränen sind …

Wenn es eng wird, wenn Menschen vor großen Herausforderungen stehen, vor Veränderungen, die nicht in ihrer Hand liegen, wenn Menschen Angst haben … – gerade in solchen Momenten kann ich vielleicht anbieten: Ich bete für dich, ich schließe dich ein, ich denke an dich, wenn ich mich dem gegenüber öffne, was Menschen »Heiliges«, »Kraft«, »Gott« nennen. Die Ambivalenz lässt sich nicht ganz auflösen. Der Vernunft verpflichtet kann geschehen, dass ich mich zu beobachten beginne und mich selbst frage: Was ist das, was ich da tue? Was bedeuten »geweihte Kerzen« für mich? Inwiefern trage ich das Ritual, inwiefern trägt es mich?

Zeig mir, was dir »heilig« ist

Es hat eine eigene, anrührende Atmosphäre, wenn Menschen – hinter den Geschichten, die sie erleben – dem Inneren, dem Eigenen auf die Spur kommen. Hinter vielen Erlebnissen, hinter Geschichten, hinter der jeweiligen »story«, die sich ereignet, werden Muster deutlich, die zur jeweiligen Person gehören. An den Geschichten, wie Menschen diese erleben, wie sie sie erzählen und verarbeiten, wird der Mensch als Person, mit der ihm eigenen Individualität sichtbar. Eine schwer beschreibbare Feierlichkeit entsteht in dem Moment, wenn ein Mensch dem anderen wirklich begegnet, wenn jemand berührbar wird, mit Worten, mit Blicken, in Gesten, im Mitgefühl. Selbst von Tränen eines anderen Menschen berührt zu werden, ist uns oft peinlich und zugleich das Selbstverständlichste dieser Welt: Was du erlebst, berührt mich, bringt meine Gedanken in Bewegung und meine Stimmungen zum Schwingen. Ich spüre mit, was du erlebst und manchmal auch, was du noch gar nicht spüren kannst.

Oft ist die Ambivalenz spürbar, die Sehnsucht, jemanden zu haben, der »das Heiligste« sehen will, und zugleich die Angst davor, sich auszusetzen, sich zu zeigen und verletzbar zu sein, wenn das Gegenüber das »Heiligste« nicht erkennen, nicht wertschätzen kann. Unspektakulär kann das sein, eine junge Frau, vom Vater sehr geliebt, gefördert, früh mit viel Verantwortung konfrontiert und immer wieder ist es gelungen, den hohen Anforderungen zu genügen. Der Blick des Vaters auf seine Tochter ist deutlich wohlwollend und stolz, unterstützend und und und. Nur die

Schwäche hat keinen Platz, das kleine Mädchen, das manchmal Trost braucht, eine Schulter zum Anlehnen, ein aufmunterndes Wort, das schwache Mädchen wollte, konnte dieser Vater nicht sehen. So konnte auch die Tochter nur den stolzen Blick des Vaters verinnerlichen, die vielen Herausforderungen, die hohen Ansprüche. Im Verinnerlichen des Blicks der anderen auf das Mädchen war das müde, enttäuschte, traurige, vielleicht auch jammernde Kind nicht gesehen. So lernte das Kind auch als junge Frau vor allem, sich selbst zurückzustellen und die Wünsche und die (fantasierten) Erwartungen der anderen möglichst punktgenau zu erfüllen. Dann war sie richtig, dann war sie gut. Für die junge Frau hingegen lag eine Dimension brach, zu der sie keinen Zugang finden konnte, jenes Mädchen, das enttäuscht, traurig, wohl auch für einen Moment mutlos war. Denn »mutlos« hieß »nicht gesehen«, es hieß »verloren«, und es dauerte, bis sich die Tür öffnete zu einem anderen Erleben, in dem die Stärke nicht verloren war, nur weil gerade Mutloses spürbar wurde. Es ist manchmal berührend, wie wir – längst erwachsen geworden – die Spuren der verinnerlichten Bilder im Stärkenden wie im Verletzten mit uns tragen. Das »Heiligste« – gesehen werden, wie ich bin, stark und schwach, großzügig und kleinlich, mutig und ängstlich …

Es ist anregend, einander zu zeigen, was mich beschäftigt, wie ich mich verändere – oft ganz ungesehen. Es ist berührend zu sehen, wie sich jemand entwickelt, Neues lernt – ganz unauffällig:

Am straßenrand blüht eine malve
eine knospe ist beinah schon offen
altrosa wird sie sein
vielleicht schon morgen

Hätt ich geduld
ich würde warten
hätt ich aufmerksamkeit
ich rührte mich nicht vom fleck
hätt ich frömmigkeit
hier würde ich niederknien

Vielleicht schon morgen
könnt ich sehen nicht nur glauben
wie es einem mitgeschöpf gelingt
am straßenrand zum blühen zu kommen

Dorothee Sölle[10]

Szenen, in denen sichtbar wird, was mir »heilig« ist, sind oft nicht nach außen, nicht primär am Tun orientiert, sondern in mir, in meinem Inneren zeigt sich, was mich ausmacht. Was vielleicht in Meditation, im Gebet, in religiöser Übung gewachsen ist, will sichtbar werden und in Kontakt treten nach außen. »Heiliges« wahrnehmen und ihm begegnen ermöglicht die Begegnung mit mir selbst und mit anderen Menschen, es öffnet auch die Dimension des »Göttlichen«, über uns hinausweisend. In dieser »Erfahrung des Heiligen« erlebe ich stellvertretend den Weg, den ich vielleicht auch mit anderen Menschen, mit Lernenden gemeinsam gehen will, mit eigenen Kindern und Angehörigen, mit mir anvertrauten Menschen jeden Alters. Ich brauche Szenen, in denen ich die gemachten Erfahrungen mitempfinden und – auch später wieder – abrufen kann. Ich kann mich so bereitmachen, Szenen und Situationen zu erleben, die den einzelnen Menschen übersteigen. Und es gibt etwas zu wissen über diese Prozesse, sich der »Erfahrung des Heiligen« zu öffnen.

Die Basis

Wenn Erfahrungen des Heiligen und des Unheiligen biografisch sind, dann sind diese Erfahrungen angebunden an unsere Entwicklung. Dann wird bedeutsam, was ich als Kind erlebt habe, wie die nächsten Angehörigen mit mir umgegangen sind, wie sich Gefühle in mir entwickelt haben, wie ich gelernt habe, eigenständig zu sein, ohne Zuwendung zu verlieren, alleine zu sein, ohne mich dabei einsam zu fühlen. Es wird bedeutsam, welche inneren Bilder in mir Raum fanden, wie ich eine Vorstellung meiner selbst entwickeln konnte. Wenn sich »Gott« in den Lebensgeschichten anderer und in meiner eigenen Biografie zeigt, dann ist ein entwicklungspsychologischer Blick spannend, denn: Was Menschen von früher Kindheit an prägt, gibt auch die Basis, »Heiliges« zu erfassen.

Ausreichend gebunden

Gebunden sein – sich binden

John Bowlby, britischer Arzt und Psychoanalytiker (1907–1990), fasste Bindung als ein »primäres Motivationssystem«, einen eigenständigen Prozess in der Entwicklung. Bindungsverhalten wird definiert als »jede Form von Verhalten, das zum Ergebnis hat, dass eine Person Nähe zu einem anderen differenzierten und bevorzugten Individuum herstellt oder aufrechterhält«. Eine tatsächliche oder drohende Trennung von der Bindungsfigur löst das Bindungsverhalten aus, also das Bemühen einer Person, eine andere in Beziehung zu bringen und zu halten. Es wird beendet oder gelindert durch Nähe, die, je nach empfundener Bedrohung, von Sichtkontakt über körperliche Nähe und besänftigende Worte ohne Berührungen bis zu engen Umarmungen und Liebkosungen reichen kann. Bindungstheorie ist im Prinzip eine räumliche Theorie[11]: Wenn ich einem geliebten Menschen nahe bin, fühle ich mich gut; wenn ich weit weg bin, habe ich Angst, bin traurig oder einsam ... Bindung wird vermittelt durch Sehen, Hören und Halten; gehalten zu werden und die Haut des anderen auf meiner zu spüren, vermittelt ein beruhigendes Gefühl, das letztlich in Nähe und Entspannung endet. Die körperlichen Erfahrungen werden später symbolisiert und verinnerlicht und können dadurch auch abgerufen werden. Wir haben »ein Modell von Welt«, in dem das Selbst und wichtige andere Menschen sowie ihre Beziehungen untereinander repräsentiert sind. Zustand und Qualität der individuellen Bindungen können nach Bowlby in sichere und unsichere unterteilt werden, »unsicher gebunden« wird weiter differenziert in: unsicher verstrickt, unsicher abweisend, unsicher ambivalent. Eine andere Einteilung der Bindungsmuster erläutert Bernhard Grom[12] mit Bezug auf Bartholomew und Horowitz (1991):

»(1) Sicher, von der Bezugsperson akzeptiert zu sein.

(2) Präokkupiert, mit dem Wunsch nach enger Beziehung und der Angst, abgelehnt zu werden.

(3) Ängstlich-vermeidend, also die Nähe zur Bezugsperson wünschend und gleichzeitig ablehnend aus Furcht, von ihr verletzt oder abhängig zu werden.

(4) Distanziert-vermeidend, mit dem Willen, von niemandem abhängig zu sein.«

Sich gebunden zu fühlen heißt, sich sicher und geschützt zu fühlen. Im Gegensatz dazu kann eine unsicher gebundene Person eine Mischung von Gefühlen gegenüber ihrer Bindungsfigur hegen: intensive Liebe und Abhängigkeit, Angst vor Ablehnung, Reizbarkeit und Wachsamkeit. Eine ambivalent gebundene Person kann z.B. das Muster haben, dass andere Menschen zwar begehrenswert, aber nicht zu erreichen sind, und von sich selbst, dass sie selbst der Unterstützung und Liebe unwürdig ist. Sie kann zugleich oder alternativ das »Arbeitsmodell« einer unzuverlässigen und ablehnenden Bindungsfigur haben – mit einem protestierenden, angreifenden Selbst. Alle Varianten sind denkbar, am eigenen Erleben können wir manchmal ein wenig verstehen, wie die eigenen Muster sind: Vielleicht empfinde ich in meinem Innersten, nicht liebenswert zu sein. Vielleicht habe ich ganz früh gelernt, mich in meinen Beziehungswünschen nicht auf andere zu verlassen, sondern mich selbst zu beschäftigen, mich selbst zu trösten, mit mir selbst zurechtzukommen. Vielleicht bin ich manchmal abgrenzend, weil ich damit aktiv einsam bin, und das weniger schmerzhaft ist als abgelehnt zu werden. In der Kindersprache wird das deutlich, wenn wir sagen: »Ich mag gar nicht mitspielen«, um nicht zu erleben, dass mich die anderen gar nicht mitspielen lassen. Manchmal ist es einfacher zu sagen »ich bin gerne allein«, als zuzugeben, wie weh das Alleinsein tut. Wurde ich oft verletzt, kann ich manchmal andere aggressiv von mir fernhalten – dies ist erträglicher, als Nähe zu riskieren und sich ja doch nicht sicher zu sein, wie die andere Person die Nähe gestaltet, vielleicht missbraucht …

Es ist spannend, anhand der erlebten Szenen die eigenen Muster wahrzunehmen und zu verstehen, zumindest beispielhaft. Es ist spannend, Muster anderer Menschen im eigenen Umfeld zu entdecken und zu verstehen – die gelebten Formen von Bindung sind ja meist Mischformen in allen Variationen. Beispiele können den Blick schärfen: Unsicherheit in der Bindung zu weiblichen Bezugspersonen kann einhergehen mit einer hohen Sicherheit bzgl. der Zuwendung des Vaters, oder umgekehrt. Das Erleben von Nähe ist nicht notwendig eins mit real verbrachter gemeinsamer Zeit; ein Kind kann trotz viel gemeinsamer Zeit mit der Mutter innere Nähe und Sicherheit beim Vater erleben – und natürlich auch umgekehrt. Unsere Art, uns zu binden, gilt im Blick auf andere Menschen, aber natürlich auch im Blick auf Religiöses. Uns mit Religiösem auseinanderzusetzen, uns auch im Religiösen zu binden, geschieht nicht unabhängig von unseren Bindungsmustern. Angst vor Trennung und der Wunsch nach Nähe, Frustrationen über ersehnte und nicht erfüllte Nähe, missbrauchte Nähe, die nicht mir als Person gilt, sondern dem Gegenüber die Angst nehmen soll – vielfältige Facetten spielen mit. Wir wissen, dass wir im Wunsch, gehalten zu sein, andere halten können, wir können mit dem Bedürfnis, getragen zu sein, andere tragen. Wir können im Wunsch, selbst gesehen zu werden, andere sehen und ihnen helfen ... Wir haben konstruktive und destruktive Formen, diese Wünsche zu leben; eine vorschnelle Bewertung dieser Formen ist von außen nicht möglich. Ich bin etwas zurückhaltend, die Bindungsmuster direkt auf religiöse Bindungen zu übertragen, denn diese Verknüpfungen sind zu differenziert. Aber es gibt zentrale und zahlreiche Anklänge – heißt doch »religio« zuerst »mich binden«, meint doch »glauben« zuerst »mich festhalten«, wie ein Kind sich an der Mutter festhält (wobei immer daran zu erinnern ist, dass »Mutter« die soziale Rolle meint). Vor allem in der jüdisch-christlichen Tradition wird die Beziehung zwischen Gott und dem Menschen häufig mit der mütterlich-väterlichen Position Gottes dargestellt: der gute Vater, der »Abba«, auf Deutsch »Papa«. Gott wird verglichen mit einer Mutter, die ihre Kinder liebt, die sich über das Kind beugt und es anlächelt. Einer der wichtigsten Segenstexte im Alten Testament, im 4. Buch Mose, Numeri 6,24–26, lautet: »Gott segne und behüte dich. Gott lasse sein Angesicht über dich leuchten und sei dir gnädig. Gott wende sein Angesicht dir zu und schenke dir Heil.« Ich kann so sicher gebunden sein, ich weiß um ein Gesicht, das mir wohlwollend zugewandt ist, das über mir »leuchtet« und unverdient für mich da ist. Als Neugeborenes müssen wir darauf vertrauen, dass jemand sich uns zuwendet und uns »Heil« schenkt, also Nahrung, Aufmerksamkeit und »Liebe«. Mich an jemanden, an etwas zu binden erlaubt mir auch, »Heiliges« zu erfahren. Wie ich mich gebunden weiß und gebunden fühle, verbindet sich mit meiner Religiosität. Interessant bleibt zu verstehen, welche Verbindungen auf persönlicher Ebene zu entdecken sind, wie sich Sicherheit und Unsicheres im zwischenmenschlichen und im religiösen Erleben zeigen.

Von Beginn an im Dialog

Neugeborene haben von Beginn des Lebens an dialogische Fähigkeiten. Sie nehmen nicht nur Lust und Unlust sowie Entspannung und Spannung wahr, sondern verschiedene »states«, verschiedene Zustände wie Wachsein, Schlafen, Schreien. Diese »states« werden in der Beziehung zu den Bezugspersonen zu bewältigen versucht. Wahrnehmungs- und Unterscheidungsfähigkeiten sind also beim Säugling entwickelt, auch wenn dem Neugeborenen die verbale Sprache fehlt, dies auszudrücken.

Die Säuglingsforschung bestätigt, was Mütter und Väter im Kontakt selbstverständlich wahrnehmen können: Säuglinge haben Freude daran, Affektausdrücke zu imitieren und die eigene Wirksamkeit zu erleben. Im Zusammenspiel mit Bezugspersonen lernt das Kind, dass eigene und fremde Gefühle verlässlich zueinanderpassen und dass es darauf Einfluss nehmen kann. Dieses Wechselspiel kann aus unterschiedlichen Gründen auch irritiert werden, z.B. bei überstimulierenden, psychisch erkrankten oder suchterkrankten Bezugspersonen. Neben der Verlässlichkeit in diesem Wechselspiel sind überschaubare Erfahrungen mit negativen Affekten notwendig, damit das Kind seine Fähigkeit zur Selbstregulierung entwickeln kann. Wenn ein überschaubares Bedürfnis des Kindes nicht befriedigt werden kann, wenn ein Kind kurz auf die Mutter oder eine andere Bezugsperson warten muss, lernt das Kind schrittweise, die damit verbundene Frustration zu ertragen, zugleich lernt es, eigene Möglichkeiten zu entwickeln, mit der Frustration umzugehen. Wichtig dabei ist, dass diese Erfahrungen mit sogenannt »negativen Affekten« überschaubar und für das Kind steuerbar bleiben. Auf dieser Affektsozialisation bauen Interaktionsformen zwischen Bezugsperson und Kind auf, die die Loslösung von der Mutter bzw. der Bezugsperson des Kindes fördern und zugleich ein ›emotionales Band‹ zur Mutter aufrechterhalten. Das Kind kann sich krabbelnd, später auch laufend von seiner Mutter entfernen, aber es ist nicht autonom, sondern es braucht, besonders in unvertrauten Situationen, die sogenannte »Affektabstimmung«: Die Mutter begleitet die Aktivitäten des Kleinkindes mit Lautäußerungen, mit Worten, mit Stimme, die dem Rhythmus der Bewegungen des Kindes folgen. Wenn die Mutter auf die Aktivitäten des Kindes nicht reagiert, versiegen diese beim Kind. Beim »social referencing« beobachtet das Kind ab dem 8. bis 9. Lebensmonat in unvertrauten Situationen gezielt den Affekt der Mutter und gleicht seinen Gefühlsausdruck dem der Mutter an, was natürlich auch die Unternehmungslust des Kindes beeinflusst. »Dass die Umwelt dabei zur affektiv unklaren Bedrohung werden kann, wenn die Eltern infolge eigener Ängste nach außen gerichtete Aktivitäten nicht fördern können, dass dann also kein ›Übergangsraum‹ entsteht, ist ebenso einleuchtend wie die Überlegung, dass Entspannung zum bedrohlich ›regressiven‹ Zustand wird, wenn nur rastlose Aktivität von versichernder Affektabstimmung begleitet ist.«[13] Affektiv-körperliches Erleben und zielgerichtetes Handeln sind verknüpft, das Kleinkind lernt in Beziehung zu seinen Bezugspersonen, konkret in Beziehung zu Mutter, Vater, Geschwistern, Großeltern, Betreuungspersonen die Affekte kennen und sie in der Interaktion zu entfalten. Das Baby nimmt die Reaktionen seiner Bezugspersonen wahr, es lernt, aus den Gesichtszügen, aus deren Mimik, Klang und Stimme die Gefühle zu erkennen, das Gegenüber einzuschätzen und entsprechend zu reagieren. Konkret, zum Beispiel: Sie tragen ein Kind auf dem Arm, Sie lächeln das Kind an, das Kind nimmt Ihre Gesichtszüge wahr, es nimmt dies auf, es spiegelt sie und lächelt zurück. Sie lächeln wieder, Sie verknüpfen das Lächeln mit Worten, vielleicht mit einem Summen, einer Melodie. Das Kind bleibt im Dialog, es nimmt zu den Gesichtszügen den Klang Ihrer Stimme auf, es reagiert mit seinen Möglichkeiten, immer in Resonanz zu Ihrem Ausdruck. So entsteht Dialog, so wächst Dialog.

Als Erwachsene versuchen wir im Umgang mit einem Baby die Empfindungen des Babys zu erfassen – oder füllen die Lücken im Verstehen durch eigene Bilder. Wenn ich den Eindruck habe, ich höre Wut im Weinen des Babys, dann reagiere ich eher auch wütend oder mit Schuldgefühlen; wenn ich Schmerzen heraushöre, werde ich eher empathisch und beruhigend reagieren. »Stellen Sie sich vor«, so Daniel Stern, »Ihr Kind bricht in Tränen aus, oder es betrachtet Ihre Nase und lächelt. Was tun Sie wohl in diesem Augenblick? Sicherlich erschließen Sie die Gefühle, Wünsche und Beweggründe Ihres Kindes aus seinem Verhalten und aus dem, was sich gerade zwischen Ihnen beiden abgespielt hat. Ausgelöst durch die innere Auseinandersetzung mit dem Verhalten Ihres Kindes entsteht in Ihrer Fantasie plötzlich eine Deutung dessen, was vorgeht. Diese Interpretation sagt Ihnen, was Sie als Nächstes zu tun haben, aber sie hilft auch Ihrem Kind dabei, mit seinen eigenen Erfahrungen umzugehen. Denn noch weiß es nicht genau, was es fühlt, wo das Gefühl lokalisiert ist, was ihm guttut oder was ihm Unbehagen bereitet. Seine Gefühle, Bedürfnisse und Motive sind noch relativ diffus. Erst Ihre Deutung hilft ihm daher bei der Klärung und Strukturierung seiner Welt.«[14]

»Der Kontakt zwischen Mutter und Säugling besteht aus einem abwechselnd hin- und zurückwandernden, also kreisförmigen Austausch von Signalen (...). Der Signalaustausch folgt einem Rhythmus, den der Säugling entsprechend seiner Aufnahmefähigkeit vorgibt und nach dem sich die Mutter intuitiv richtet. Rhythmisch zwischen Säugling und Mutter hin- und zurückgesandt werden dabei stimmliche, durch Hautkontakt vermittelte und mimische Signale des Gesichtsausdrucks. Für das Gelingen des Signalaustausches, des wechselseitigen Verstehens und Aufeinander-Eingehens zwischen Mutter und Säugling spielt ein besonderes, erst kürzlich entdecktes Nervenzell-System des Gehirns eine entscheidende Rolle: Das Gehirn besitzt Nervenzell-Netzwerke, die darauf spezialisiert sind, bei anderen Menschen wahrgenommene Signale so abzuspeichern, dass sie selbst nacherlebt und reproduziert werden können. Die Nervenzellen dieses von Giacomo Rizzolatti entdeckten Systems werden als ›Spiegel-Nervenzellen‹ (›mirror neurons‹) bezeichnet. Dass der Säugling mütterliche Signale ›spiegelt‹, z.B. versucht, bestimmte Gesichtsausdrücke oder Laute zu imitieren, war aus der beobachtenden Säuglingsforschung schon längere Zeit bekannt. Die Entdeckungen Rizzolattis scheinen die erstaunliche, kurz nach der Geburt einsetzende Fähigkeit des Säuglings, empfangene Signale aufzunehmen und durch Imitation zurückzuspiegeln, nun aber auch neurobiologisch erklären zu können.« (Joachim Bauer)[15] Die Bedeutung der »vollständigen Einfühlung« wird unterschiedlich bewertet, sicher ist, betont Martin Dornes, dass es bereits beim Säugling die Erfahrung ermöglicht, »dass innere Zustände keine privaten Ereignisse sind, sondern soziale- und Beziehungsangelegenheiten«[16]. Es ermöglicht die Erfahrung, dass andere sehen, was ich fühle, dass ich in meinem Gefühlszustand wahrgenommen und anerkannt bin. Gefühlszustände, die kaum oder nicht wahrgenommen und anerkannt werden, werden kontrolliert, reduziert und prägen sich weniger aus.

Der Säugling lernt, wie Joachim Bauer zeigt, Signale von innen (aus dem Körper) und von außen (aus der Umwelt) zu verstehen, indem »die aus dem eigenen Körpermilieu kommenden Signale im Gehirn des Säuglings mit Signalen und Handlungen der Mutter bzw. der Bezugsperson verknüpft werden. Deren Reaktionen verleihen, wenn sie angemessen und für den Säugling problemlösend sind, den unspezifischen Empfindungen des Säuglings sozusagen rückwirkend eine ›Bedeutung‹. Erst die der jeweiligen Situation angepassten Reaktionen der Mutter stellen die Empfindungen des Säuglings in einen Verständniszusammenhang. Dieser Zusammenhang wird vom Säugling in Nervenzell-Netzwerken repräsentiert, welche die Signale, die zeitgleich von ›innen‹ (vom Körper) und ›außen‹ (von der Mutter) eingehen, verknüpfen«[17].

Was fachlich vielleicht kompliziert klingt, sind fundamentale Erfahrungen aus Kindertagen: Dass da jemand war, Personen, die mit uns in Kontakt getreten sind, die uns Resonanz gaben auf unsere Ausdrucksweisen, die eingetreten sind in einen Dialog mit uns, mit Worten, mit Blicken, mit dem Körper, in der Mimik … – die sich auf vielfältige Art eingelassen haben auf uns. Von außen zu hören, dass dies auch im Glauben so sei, ist oft wenig hilfreich. In der christlichen Theologie ist zentral, dass Gott in Kontakt, in Dialog mit dem Menschen tritt. Dass Gott in sich selbst als Dialog gedacht wird, dass das Wesen Gottes Beziehung ist. Das Erleben, im Kontakt mit Gott zu sein, kann ganz konkret sein: Vielleicht weiß ich – manchmal, für einen Augenblick, dass ich gesehen bin, manchmal, für einen Augenblick, geschieht im Kontakt wirklich »Begegnung« – so, dass Inneres und Äußeres zusammenpasst, dass ich mich für einen Moment glücklich erlebe, wie ein Baby in der Resonanz, im spiegelnden Gesichtsausdruck der Mutter, des Vaters.

In diesem frühen »Dialog« wurzelt auch die Fähigkeit zur Einfühlung, zur Empathie. Damit stimmen wir uns ein auf die Erfahrungen eines anderen Menschen und auf seine/ihre Welt, ohne ganz aufzugehen in dieser Welt. Empathie ist – so verstanden – eine menschliche Fähigkeit, die der Übung bedarf. Wir »pendeln« zwischen der Wahrnehmung für uns selbst und für die andere Person. Ich spüre, wie es der anderen Person geht, ohne zu vergessen, wie es mir selbst geht. Denn meine Empfindungen sind nicht die Empfindungen einer anderen Person. Es kann mir gut gehen, auch wenn ich mit jemandem mitfühle, dem/der zurzeit in großen Schwierigkeiten oder einer Krise steckt. Empathie meint also nicht zu überlegen, wie es mir gehen würde, was ich empfinden oder tun würde. Empathie meint, uns in den anderen hineinzuversetzen und zu verstehen versuchen, was in ihm vorgeht. Ich mache nicht die Erfahrung einer anderen Person zu meiner eigenen, ich versuche nur zu verstehen, wie sich diese Erfahrung für die andere Person anfühlt …

Diese Empathie wurzelt ebenso in der Fähigkeit unserer frühen Bezugspersonen, unser Empfinden zu erfassen und es (meist intuitiv) zu spiegeln. Konkret: Wenn wir als Kinder gestürzt sind, dann ist der Satz: »Das ist nicht so schlimm« wenig hilfreich. Es braucht zusätzlich zur Hilfe bei einer Verletzung auch ein paar Momente des Mitgefühls und des Trostes. In der Geste des Tröstens und des Schützens weisen wir über uns selbst hinaus, der Schutz, den wir als Erwachsene einem Kind geben können, ist immer relativ, begrenzt. Die leichte Übertreibung, die in der Geste des Schützens oder des Tröstens ist, weist – vorreflexiv – über uns hinaus. Frühe Bindungsmuster klingen hier an. Sicherheit gibt für Kinder neben der äußeren Unversehrtheit die innere Sicherheit, dass Bindungen tragfähig und verlässlich sind … Und so lernt ein Kind, seine Gefühle wahrzunehmen, sie überhaupt zu spüren und sich darauf zu verlassen. Später wird das Kind auch lernen, diese Gefühle zu benennen. Auch als Erwachsene können wir das einüben: wahrnehmen, was ist, Empfindungen spüren, nach Worten suchen, solche Gefühle nahen Menschen erzählen und dabei erfahren, ob und wie sie das Gefühl mitspüren können … Und wir können die Momente wahrnehmen, in denen mir jemand so begegnet: Momente, in denen jemand bereit ist, mein Empfinden wirklich zu hören, es aufzunehmen, zu formulieren, an meiner Seite zu bleiben, nicht einfach zu wissen, was es jetzt zu fühlen gilt, wie in einer Situation zu handeln ist. In solchen Momenten geschieht »Heiliges«, wie ich das Wort am Beginn des Buches übersetzt habe, in solchen Momenten geschieht etwas ganz Besonderes, nämlich: Begegnung, die über uns selbst hinausweist. Manche nennen sich in solchen Momenten »glücklich«.

Grenzen entwickeln

In der ersten Zeit unseres Lebens, wenn wir als Babys getragen und versorgt, gestreichelt und gepflegt wurden, konnten sich unsere Körpergrenzen entwickeln. Über unser wichtigstes Organ, die Haut, haben wir gelernt, wo unser Leib aufhört und »das andere/der andere« beginnt. Wir haben entdeckt, dass wir begrenzt sind und mit anderen in Kontakt, in Beziehung treten können. Wir haben erfahren, dass das schön sein kann, aber auch verletzend, wenn diese Berührung lieblos oder hart war, ohne Einfühlungsvermögen, ohne Respekt vor unseren Grenzen und ohne Empathie.

Wie wir wissen, reicht es nicht, ein Baby nur zu versorgen, es braucht über den Körper die Erfahrung der eigenen Grenze und des Respekts davor. Vater, Mutter oder Geschwister balgen mit einem Kind, sie kitzeln ganz wenig, das Kind hat Spaß daran und quietscht. Entscheidend aber ist zu spüren, wann es für ein Kind genug ist, aufzuhören, bevor das fröhlich quietschende Lachen zum Schrei wird, die Grenze zu akzeptieren, aufzuhören, die Überlegenheit nicht auszunutzen. Über die Haut, über den Körper geschieht Berührung und Begegnung. Über den Körper können wir die Grenzüberschreitung spüren, die Verletzung, bis zur Gewalt. Wir sagen: »Das lasse ich (nicht) an mich herankommen. Das geht über meine Grenze. Das geht mir unter die Haut.«

Unsere Fähigkeit, in der Nähe nicht aufgesogen und in der Distanz zu anderen Menschen nicht verloren zu gehen, ist geprägt von unseren Mustern, die wir im Laufe des Lebens entwickelt haben, in der Kindheit, in der Pubertät, im jungen Erwachsenenleben … Grenzen helfen uns, Nähe und Distanz zu regeln, uns selbst in Beziehung und zugleich eigenständig wahrzunehmen. Grenzen trennen, Grenzen verbinden – beides kann ich in mir und zwischen Menschen erleben, zwischen inneren Erfahrungsräumen und im Äußeren, z.B. zwischen Nachbarn, zwischen Ländern. Spannend ist zu merken, wie wir an diesen Grenzen reagieren, welche Formen wir haben, Grenzen zu respektieren, ohne dass sie unüberwindbar werden, und welche Möglichkeiten Gruppen von Menschen entwickelt haben. Am Übergang zwischen Alltag und Religiösem, beim Betreten eines »heiligen« Raumes, werden solche Hilfen sichtbar: verlangsamen, Schuhe-Ausziehen, rituelles Waschen bei Juden und Muslimen oder ein Kreuzzeichen mit Weihwasser bei Christen. Vor dem religiösen Raum spielt sich »Alltag« ab, kaufen und verkaufen, Geschäfte abwickeln oder sich treffen, schwätzen … Im religiösen Raum herrscht eine andere Atmosphäre, verhalten und ruhig, langsamer, auch achtsamer. Zugleich bleiben Grenzen doppeldeutig – verbindend und trennend braucht es die Durchlässigkeit, wie bei der Haut – »dünnhäutig«, sagen wir –, um berührbar zu bleiben.

Ein innerer Raum entsteht ...

Als Erwachsene tauchen wir ein in Empfindungen, in Gefühle, die wir als Kinder erlebt haben und aus Kindertagen kennen, die uns beunruhigen oder stärken können. Wie aber entsteht ein »innerer Raum«? Die Fähigkeit, symbolisch zu denken, entwickelt sich in der frühen Kindheit. Während in den ersten beiden Lebensmonaten eines Neugeborenen vom »auftauchenden Selbstempfinden« gesprochen wird, tritt bis zum 7.–9. Lebensmonat das »Kernselbstempfinden« in den Vordergrund. »Gemeinsamkeitserlebnisse mit dem anderen sind möglich, und in diesem Zeitraum auch reichlich vorhanden, aber in ihnen gehen die gefühlten Grenzen zwischen Selbst und Objekt im Normalfall nicht verloren, sondern bleiben intakt.«[18] In der Phase des subjektiven Selbstempfindens (bis zum 15.–18. Lebensmonat) lernt der Säugling, dass es »andere« gibt, dass die eigenen Zustände und die von anderen »teilbar« sind, mitfühlbar und mitteilbar. Getrennt zu sein und sich doch zu überschneiden, verschieden zu sein und sich doch berühren, begegnen und miteinander kommunizieren zu können – das sind wichtige Entwicklungsschritte, bis das Kind das verbale Selbstempfinden entwickeln kann, das nie abgeschlossen ist. Das Kind beginnt, nicht nur Gefühle und Zustände zu erleben, sondern kann mithilfe von Sprache und Symbolen kommunizieren.

Hier geschieht ein entscheidender Lernschritt in der Entwicklung eines Menschen: Äußere Erfahrungen werden mit inneren Repräsentationen verknüpft und äußere Objekte dadurch verinnerlicht, dass sie innere Repräsentanzen bilden und so innerlich bewahrt werden können, auch wenn sie äußerlich nicht (mehr) da sind. Was so kompliziert klingt, heißt z.B.: Wir können »Tisch« denken, auch wenn kein Tisch da ist, wir können uns einen »Tisch« vorstellen, auch wenn äußerlich keiner vorhanden ist. Wir können an »Liebe« denken und sie auch empfinden, auch wenn der geliebte Mensch Tausende Kilometer entfernt oder bereits verstorben ist. Wir können Gegenstände, Erfahrungen, Gefühle nach innen nehmen und dort bewahren, wir können uns diese wieder bewusst machen und in sie eintauchen. Dabei spielt die »Mutter« eine besondere Rolle. »Mutter« meint in diesem Zusammenhang die primäre Bezugsperson oder die primären Bezugspersonen, also Mutter, Vater, Geschwister, Großeltern, andere Erziehungspersonen – in dieser primären Rolle für das Kind. Im Übergangsbereich von der Zweieinheit mit der »Mutter« in die Getrenntheit der eigenen Persönlichkeit, der eigenen Individualität, entsteht diese Fähigkeit, einen inneren Raum zu entwickeln. Selbstverständlich bringt ein Neugeborenes Interaktionskompetenz mit, in der Beobachtung von Babys ist dies deutlich sichtbar. Die Art und Weise, wie das Kind den Verlust des Gefühls des Einsseins mit der »Mutter« verarbeitet und Lösungsmöglichkeiten zum »Überleben« zwischen Eigenständigkeit und Geborgenheit findet, ist ein Grundmuster, das uns prägt. So lernt ein Kind im frühen Alter, dass die Bezugsperson da ist und zugleich nicht da sein muss, dass ein sogenanntes »Übergangsobjekt« hilft, mit diesen Gefühlen umzugehen. Teddybär, Schmusekissen, Schnuller können helfen, diese Spannung zwischen dem Wunsch, nicht allein zu sein, und dem Wunsch, auch allein und eigenständig zu sein, auszuhalten. Dann, im weiteren Lernprozess, werden Gefühle damit gestalt- und erinnerbar. Ein Kind lernt, Gefühle wiederzuerkennen und zu ihnen zurückzukehren, z.B. wenn es den Teddybär oder das Schmusekissen in die Hand nimmt, oder beim Nachtgebet, im Spiel, bei Ritualen. Allmählich können wir diese Übergangsobjekte verinnerlichen, ich brauche den Teddybär nicht mehr in der Hand zu halten, um zu wissen, dass ich nicht alleine bin. Ich brauche keinen Teddybär, um zu wissen, dass ich mit einem Menschen verbunden bin, auch wenn wir getrennt sind, dass Gott mich begleitet, auch wenn ich ihn nicht sehe. Diese Verinnerlichungen werden im Erinnern, in Erzählungen der Bibel, in religiösen Symbolen (wie Licht, Stern, Regenbogen, Baum, Quelle …), im Gespräch oder im Gebet, im Gottesdienst, bei Musik, beim Singen … wieder wachgerufen und weiterentwickelt. Sie bieten uns »Erinnerungszeichen«, um das Alleinsein auszuhalten, ohne in Einsamkeit zu versinken, die Aufgaben und Herausforderungen dieser Welt zu bestehen, ohne verloren zu gehen, um Leid zu ertragen und Hoffnung zu bewahren. Wenn wir Kinder im Religiösen begleiten, helfen wir ihnen, diesen symbolischen Raum zu erschließen und zu entwickeln. Positiv stärken wir damit ihre Fähigkeit, nach innen zu gehen, um wieder gestärkt nach außen zu gehen. Beim Gebet, bei jedem Gottesdienst tun wir dies: ankommen im Innenraum, um am Ende gestärkt wieder in den Alltag zu gehen: »Geht und bringt der Welt Frieden.«

Über die Beziehung zu Personen hinaus kann sich der Mensch einen »inter-mediären Raum« erschließen; viele religiöse Erfahrungen ereignen sich nicht im Medium der Personbeziehung, sondern im Raum der nicht-personalen Symbolik. Es handelt sich dabei auch um jenen Zwischenbereich, in dem wir alleine sein können, ohne einsam zu sein, in dem wir ganz bei uns selbst sind, ohne darüber nachzudenken. Konkret erfahren wir das, wenn Kinder im Spiel versunken alles vergessen können, wenn es uns als Erwachsenen beim Lesen eines guten Buches, beim Musik-Hören oder in der Natur, beim Beten oder beim Singen ebenso ergeht. Wir haben auch im religiösen Bereich Rituale und Gebetsformen, die uns – psychologisch verstanden – helfen wollen, diese verlorene Einheit der frühen Kindheit wieder herzustellen und zugleich nicht mehr »Kind«, nicht mehr abhängig von der Liebe der Mutter oder einer anderen Person zu sein. Religiöse Formen können den Wunsch sowohl nach Geborgenheit als auch nach Eigenständigkeit fördern, aber auch beide Wünsche auffangen.

In der religiösen Symbolisierung verbinden sich zwei Wünsche: Einerseits ist der auf das Übergangsobjekt übertragene Wunsch sichtbar, die verlorene Einheit der frühen Kindheit wieder herzustellen; andererseits ist zugleich der Wunsch deutlich, sich vom ersten Liebesobjekt als Voraussetzung für die Identitätsbildung zu emanzipieren. In diesen frühen Symbolisierungen ist die Chance enthalten, dass der Mensch trotz aller Brüche und Trennungen einen »Ort« des Heil- und Ganzseins finden kann, an dem er ohne Angst vor Verschlingung und Untergang zurückfallen darf, um »dort« Kraft für weitere Entwicklungsschritte zu schöpfen. Die Suche nach dem »Heiligen« liegt in dieser Spannung, einen »sicheren Ort« in dieser Welt zu haben, auf der selbst es keinen »sicheren Ort« gibt. Manchmal verbinden sich äußere und innere Orte, Menschen haben äußere Plätze, die ihnen helfen, den inneren Platz aufzusuchen; andere kommen mithilfe von Bewegung, Musik und Lesen, Meditation oder Gebet an diesem inneren Platz an.

Neben verinnerlichten elterlichen Bildern kann auch die Erfahrung der »besten Freundin«, des »besten Freundes« ins Gottesbild einfließen, »Gott« kann zur inneren Freundin, zum Freund werden als bestätigende »Gleiche/r«, der oder die mich versteht. Gerade in der Altersphase, in der Kinder realisieren, dass Menschen einander enttäuschen, dass Freunde nicht nur verlässlich sind, kann diese Erfahrung stärken. »Gott« wird häufig in Symbolen und Beziehungen gesehen: als Kraft und Licht, als Freundschaft und Liebe. Die Individualität in diesen inneren Bildern kann irritieren. Ich respektiere damit, dass dein und mein Bild von »Liebe« verschieden sein kann, dass damit auch unser Bild von »Gott« verschieden sein wird. Damit mute ich jedem Menschen zu, »Gott« selbst zu suchen, ich kann von Bildern und Erfahrungen anderer lernen, aber es erspart mir nicht, mich selbst auf den Weg zu machen.

In der Begleitung von Menschen kann auch die Erfahrung auftauchen, dass es hinter den Bildern einen bildlosen, manchmal als bedrohlich erlebten Raum gibt. Im bildlosen Raum kann ich verloren gehen, ich kann auch ein Zuhause finden. Es sind sehr individuelle Beschreibungen, wenn Menschen diese »Bildlosigkeit« erfahren, wenn sie Szenen ohne Bilder, vor allem aber bildlose Gefühle erleben. Neben der Bedrohung in diesem »bildlosen« Raum öffnet die »Bildlosigkeit« auch eine spirituelle Dimension: Es ist zwar notwendig, innere Bilder entwickeln zu können. Diese dürfen aber nicht festgehalten, sondern sollen auch wieder losgelassen werden. Was sich so leicht sagt, geschieht oft in dramatischer Weise: Ich erinnere Szenen, in denen ich Bilder loslassen musste, weil ich mich selbst verändert habe, weil ich mit Seiten von mir konfrontiert war, die ich in meinem Ideal ablehne, weil sich andere Menschen, weil sich Beziehungen verändert haben und mein inneres Bild nicht mehr mit der gegenwärtigen Realität übereinstimmt … Bilder loszulassen – im Ideal wie in der Enttäuschung oder der Resignation – mutet zu, neu hinzusehen, neue Erfahrungen zu erlauben und dabei das Risiko einzugehen, nicht zu wissen, ob sie sich als gut oder verletzend erweisen werden.

Der innere Raum – gefüllt mit Bildern und Sprache

Die Kraft der inneren Bilder – neue Erkenntnisse der Neurobiologie

Erkenntnisse der Neurobiologie haben mich im Nachdenken über unsere religiöse Entwicklung fasziniert; sie ergänzen und vertiefen Wahrnehmungen über den Menschen, ohne deshalb einem neuen Biologismus zu verfallen. »Michael Meaney fand heraus, dass die liebevolle Zuwendung der Mutter im Säugling zu bleibenden, dauerhaften Veränderungen an Genen führt, welche im Körper die biologische Stressreaktion steuern. Durch liebevolle Zuwendung der primären Bezugsperson werden im Säugling biochemische Strukturen verändert, die eine Art Hülle um das Gen herum bilden. Es handelt sich um sogenannte Methylgruppen, das sind biochemische Antennen, die an Gene angeheftet sind. Mütterliche Zuwendung führt, wie Michael Meaney zeigen konnte, zu einer Entfernung solcher Methylgruppen. Werden diese von Methylgruppen gebildeten Seitenantennen von einem Gen entfernt, dann lässt sich dieses Gen besser ablesen, und zwar auf Dauer. Beim Säugling ist das Gen betroffen, welches in der Lage ist, im Körper Angst und Stress zu dämpfen. Mütterliche Zuwendung hat also zur Folge, dass es im Körper des Kindes zu Veränderungen an Genen kommt, was zur Konsequenz hat, dass der Organismus des Kindes dauerhaft gegen überschießende Angst- oder Stressreaktionen geschützt ist.«[19] Beziehungserfahrungen haben also Einfluss auf die Mikrostrukturen des Gehirns, die sich lebenslänglich verändern, je nachdem, was wir erleben oder tun. Man bezeichnet diesen Veränderungsprozess als »use-dependent plasticity«. Stabile Bindungserfahrungen prägen ebenso wie Gewalterfahrungen. Joachim Bauer fasst das Positive folgendermaßen zusammen: »Eine der Hauptbotschaften der modernen Neurobiologie ist: Das wirksamste Medikament (Heilmittel) für den Menschen ist der andere Mensch. ... Jeder Mensch hinterlässt beim anderen Menschen in der Interaktion, v.a. wenn wir intensiv zusammen sind und miteinander umgehen, eine Art biologischen Fingerabdruck im Gedächtnis des Körpers.« (Ebd.)

Ein faszinierender Gedanke, in der Erinnerung den Menschen nochmals zu begegnen, die im eigenen Leben wichtig waren, die einen »Fingerabdruck« in unserem Gedächtnis des Körpers hinterlassen haben. Und ein schöner Gedanke, vor allem die Menschen im eigenen Leben zu erinnern, die uns zugewandt waren, die uns mit ihrer Zuwendung gegen überschießende Angst und Stress geschützt haben und nach wie vor schützen. Auch Erfahrungen mit Religion gehören zu diesem »Fingerabdruck« – in der Unterschiedlichkeit des individuellen Erlebens.

Gerald Hüther, Professor für Neurobiologie an der Psychiatrischen Klinik der Universität Göttingen, zeigt, dass aufgrund bildgebender Verfahren verstanden werden kann, wie im Gehirn aus primitiven Verschaltungsmustern durch stabilisierende (und durch destabilisierende) Einflüsse komplexe Verschaltungsmuster werden. Nervenzellen unterhalten sich über sogenannte Synapsen, Verschaltungen, die durch chemische Botenstoffe verändert werden. Lernen und Erfahrungen führen zu solchen chemischen Reaktionen, die sich in (neuen) Verknüpfungen der Synapsen im Gehirn ablagern. Die Nervenzellen sind also offen und damit störanfällig. Denken und Fühlen, Wahrnehmen und Beurteilen, Planen und Handeln geschieht durch die Verbindung von Nervenzellen (oder Nervenzell-Gruppen) zu Netzwerken. Elemente der äußeren Welt werden miteinander in Beziehung gesetzt, was einem ganz bestimmten Verschaltungsmuster im Gehirn entspricht. Dort wird ein inneres Bild der äußeren Welt gespeichert, das in die subjektive Vorstellung gehoben werden kann. Ein solches inneres Bild wird auch »Repräsentation« genannt, davon war unter der Überschrift »Ein innerer Raum entsteht …« schon die Rede. In einer zweiten Dimension »werden Wahrnehmungen unseres körperlichen Selbstbefindens mit Objekten oder Situationen der äußeren Welt in Verbindung gesetzt (assoziiert). … Diese Zusammenführung von Signalen aus der Körper-Innensphäre und der Welt der äußeren Situationen erfolgt im Gyrus cinguli des limbischen Systems, dem (…) Sitz des ›Selbstgefühls‹«[20]. So ist auch verständlich, wieso bestimmte äußere Situationen schlagartig eine Veränderung des körperlichen Empfindens bewirken – und umgekehrt. Die Nervenzell-Netzwerke werden selektiv aktiviert, und die Nervenzellen, die durch Synapsen miteinander verbunden sind und gemeinsam aktiv werden, verstärken ihre Verknüpfung. »Cells that fire together wire together« – »Zellen, die zusammen feuern, verkabeln sich stärker miteinander.«[21] Synapsen, deren Gebrauch zurückgeht, können auch verloren werden – »use it or loose it«. Das hat Konsequenzen: »Die neurobiologische ›Grundausstattung‹ an Nervenzellen ist zum Zeitpunkt der Geburt fast vollständig vorhanden. Der Aufbau an Verschaltungen durch Synapsen beginnt im zweiten und dritten Drittel der Schwangerschaft. Untersuchungen zeigen in den letzten

Schwangerschaftsmonaten eine explosionsartige Vermehrung von Synapsen im Gehirn des Fötus, die sich nach der Geburt noch fortsetzt ...«[22] Nach der Geburt braucht es anregungsreiche Umwelten, die Verknüpfung und Verwendung der Netzwerke im Gehirn fördern.

Eine Störung des emotionalen Gleichgewichts geschieht durch sogenannte »trigger« (Anstoß, Auslöseimpuls): psychosoziale Konflikte, Verlust von psychosozialer Unterstützung und Kompetenz. Das erleben auch Tiere; nur beim Menschen konnte nachgewiesen werden, dass allein die Vorstellung solcher Stressfaktoren und Konflikte ausreicht, um im Gehirn dieselbe Reaktion auszulösen wie das Faktum selbst. So wird verständlich, wie innere Bilder wirken, wieso sie eine solche Kraft entwickeln können.

Drei Aspekte zeigt Hüther auf, die für den Menschen hilfreich sind gegen Stress und Angst oder (positiv gesagt) der Lebensbewältigung dienen:

- Vertrauen in die eigene Fähigkeit (Wissen, Erfahrung)
- Vertrauen in die Fähigkeiten anderer (Bindung, Beziehung)
- Vertrauen in vorgestellte Kräfte (Glaube, »die Fähigkeit, daran zu glauben, dass es wieder gut wird«[23])

Vertrauen in die eigene Fähigkeit und in die Fähigkeiten anderer sind bei Tierversuchen auch nachweisbar; Vertrauen in vorgestellte Kräfte hat nur der Mensch. Zugleich ergeben sich Deutungen für gegenwärtige, teilweise als schwierig wahrgenommene Entwicklungen: Vertrauen in die eigenen Fähigkeiten wird in Aus- und Weiterbildungen sehr gestärkt, und wir sind meist gewohnt, uns auf die eigenen Fähigkeiten zu verlassen. Dagegen, sich auf Beziehungen zu verlassen, ist brüchig geworden, zu häufig sind Krisen in Bindungen erlebt. Die sozialen Fähigkeiten, Freundschaften und Bindungen zu stärken, sind häufig weniger ausgeprägt. Und wir lernen oft »gar nicht mehr«, sagt Hüther, die inneren Kräfte, die vorgestellten Kräfte, den Glauben zu leben und als Ressource zu nutzen. Hier hat Religiosität große Bedeutung, innere Bilder zu entwickeln, in Gebet und Meditation, in Geschichten, Musik und rituellem Handeln. Und hier hat Religion eine wichtige Aufgabe, ihren »Schatz an inneren Bildern« den Menschen zur Verfügung zu stellen.

Gewohnt, im Leben möglichst viel mit Verstand und Willen zu kontrollieren, fordert Begegnung mit Religion, mit »Glaube« eine Dimension ein, mich einzulassen und zugleich sicher zu sein, dass »Gott« gut mit mir umgeht. Als Kinder kennen wir das alle und sind darauf angewiesen, dass es andere gut mit uns meinen. Wir lassen uns ein auf die Menschen in unserer Umgebung, auf Eltern, Geschwister und Großeltern – wir sind davon abhängig, dass sie ihre Liebe zeigen und uns Sicherheit und Ordnung geben, dass sie Spaß und Chaos ermöglichen, und doch Grenzen wahren – und uns immer wieder in die Arme schließen. Bei allen Brüchen, die diese Erfahrungen auch beinhalten mögen – wir können sie immer wieder abrufen, und so dabei »gute« innere Bilder aufleben lassen. Vielleicht merken wir dann, wie schwer es uns fällt, wirklich darauf zu vertrauen, dass andere gut mit uns umgehen, vielleicht merken wir aber auch, dass wir loslassen und vertrauen können. In diesem Empfinden ist eine spirituelle Dimension angesprochen: Mit »Gott« zu rechnen, zu vertrauen, zu »glauben« meint »festhalten«, wie ich bereits im 3. Kapitel erläutert habe. Ein Kind hält sich am Rock der Mutter fest und ist gehalten, es ist ein wenig geschützt und kann zugleich der Situation standhalten – das meint ursprünglich »glauben«.

Es sind innere Bilder, die einen »guten Ort« beschreiben. Als erwachsene Person wissen wir um die Grenzen, wir wissen, dass es keine ungebrochen »guten Orte« gibt, weil das Leben Erfreuliches und Schweres bringt, dass zahlreiche Herausforderungen nicht von uns gesucht werden, sondern das Leben selbst sie stellt, und dass wir gefordert sind, auf verschiedenste Situationen zu reagieren und zu antworten. Wir wissen, was Menschen einander an Schmerz und Leid antun, in den großen und kleinen Szenen des Lebens. Es ist nicht die »heile Welt«, die wir als Kinder vielleicht erlebt, zumindest ersehnt haben. Und doch – die Sehnsucht nach diesen »guten Orten« bleibt in uns, die Hoffnung auf »Orte«, an denen wir ankommen, »zu Hause« sind. Es sind Bilder, gewachsen in der Spannung zwischen Selbstständigkeit und Alleinsein, in der Unterscheidung zwischen Allein- und Einsamsein. Die verinnerlichten Erfahrungen, die zu inneren Bildern wurden, geben ein Stück Heimat – unabhängig von den äußeren Orten. Viele von uns haben solche »heiligen« Orte, uns wertvolle innere Bilder, die uns stärken, die uns trösten. Viele von uns haben auch »unheilige« Bilder, die nachts nicht schlafen lassen, die Kummer oder Angst machen, die uns einsam sein lassen. Tradierte religiöse Erfahrungen, Gesten und Rituale, Feiern und Gegenstände, Formen religiösen Brauchtums, besondere Orte oder Atmosphären können hier genannt sein. Sie werden zuerst außen erlebt und im Verlauf der Jahre nach innen verlagert. Später können diese Erfahrungen in Form eines Gebetes, einer religiösen Handlung, eines religiösen Gegenstandes wieder hergeholt werden. Oft übernehmen »Schutzengel« diesen Platz und geben uns die Sicherheit, begleitet und behütet zu sein, nicht allein zu sein auf schwierigen Wegen.

Bilder, Töne, Klänge und Musik, Sprache und Geschichten, Orte und Landschaften … – all das kann zu inneren Bildern werden. Oft ist vielfältig, was innere Basis gibt, oft ist es schwer, in zufriedenen Tagen nach dem zu fragen, was in dunklen Zeiten trägt. Eine Frau, in einer schweren, sehr verletzenden Trennung verhaftet, sagt auf die Frage, was ihr Kraft gibt, was ihr hilft, im Alleinsein nicht völlig verloren zu gehen, fast etwas scheu: »Wissen Sie, manchmal, abends, da bete ich ein bisschen. Es tröstet.« Oder ein Mann Anfang 40, der Kontakt zu Frau und Kind ist schwierig, er versinkt in Arbeit und brennt aus. Auch hier – manchmal ein Gebet, wie ein Trost aus früherer Zeit, als in Kindertagen »das Wünschen, das Beten noch geholfen hat«.

Neben tradierten Bildern entwickeln Menschen ihre eigenen Bilder. Das Schutzmantel-Motiv zum Beispiel kann als tradiertes Motiv bekannt sein, es kann aber auch zum eigenen Bild werden oder als eigenes Bild auftauchen. Innere Bilder für das Heilige: Vielleicht nehmen Sie sich Zeit, den eigenen inneren Bildern wieder nachzugehen, ihnen Raum zu geben, sie zu erinnern und weiterzuentwickeln …

Innere Bilder – durch Erzählen und Erinnern

Neben den Bildern ist Sprache wichtig, um Erlebtes zu erzählen, um durch das Erzählen das Erlebte zu inneren Bildern werden zu lassen. In folgenden drei Leitsätzen faltet Urs Wagner seine Überlegungen zum Erinnern aus:

»Wir Menschen haben die Fähigkeit, in der Gegenwart zu erinnern, was bereits vergangen ist.«
»Wir erzählen jemandem (oft genug auch uns selber), was wir erinnern.«
»Wir scheinen also die Vergangenheit so zu verändern, dass sie besser zur Gegenwart passt.«[24]

»Durch seine Narrationen konstituiert das menschliche Subjekt seine Welt, seine Beziehungen zu sich selbst und zu anderen, seine Gefühle und Empfindungen. Durch die Form der Narration transformiert der Mensch natürliche Zeit in menschliche Zeitlichkeit und entdeckt so, wer und was er zwangsläufig gewesen sein muss, um zu demjenigen geworden zu sein, der er nun ist und eines Tages vielleicht sein wird.« Und Jürgen Reeder fährt fort: »Indem die Narration Ereignisse zu Plots (...) organisiert, ermöglicht sie Erklärungen von Ursache und Wirkung und schafft zugleich eine Gelegenheit, moralische Akteure mit ihren Handlungen und Motiven, Verantwortlichkeiten und Unzulänglichkeiten zu identifizieren.«[25]

Sich seiner selbst gewiss sein, ist ohne Erinnerung nicht möglich. Identität ist immer auch narrativ konstruiert, indem wir erinnern, was in die Konstruktion unserer Identität passt, und vergessen, was diese narrative Identität stört. Deshalb ist das Erzählen so bedeutsam; dieser Prozess des Erzählens und Erinnerns aber ist eingebunden in die jeweilige Beziehung zwischen erzählender und zuhörender Person. Wenn ich z.B. jemandem etwas aus meiner Kindheit oder Jugendzeit erzähle, zeige ich nicht nur etwas aus dem Damals, wie es war, wie es ging, was schön und was schwierig war, sondern ich zeige es der anderen Person im Hier und Jetzt. Es ist immer beides – das Damals und das Heute.

Wenn wir Geschichten der Großfamilie erzählen, werden sie gegenwärtig und sagen heute etwas aus – was gut war, was belastend war, was überwunden ist oder was nie wieder passieren darf. Erzähltes beinhaltet immer auch eine Botschaft im Hier und Jetzt – wenn wir biblische Geschichten erzählen, wenn wir Märchen erzählen, Literatur lesen, wenn wir einander Erlebtes erzählen.

Durch das Erzählen des Leidens erhalten Verletzungen Worte. Schwere seelische Verletzungen können oft nicht als solche beschrieben werden, sondern werden in Szenen verpackt. Und im Zuhören werde ich als Gegenüber genauso ohnmächtig, genauso verzweifelt, sehe genauso keinen Ausweg mehr. Es handelt sich, wie dies fachlich heißt, um projektive Übertragungsformen, »in denen der Patient zumindest einen Teil seines Empfindens in den Analytiker projiziert, sodass dieser unvermittelt Gefühle erlebt, die eigentlich zum Patienten gehören«[26]. Die Fähigkeit, im Gegenüber diese Gefühle, wie z.B. Ohnmacht, Verwirrung, Wut, Schuldgefühl und Angst, zu inszenieren, ist eine Form, diese massiven Gefühle überhaupt darstellen und mitteilen zu können – es ist oft nur in dieser indirekten Weise möglich. Traumatische Verletzungen können die Symbolisierungsfähigkeit einschränken und auch zerstören. Die Fähigkeit zu inneren Bildern wird reduziert; es kann z.B. zum Kontrollieren von Beziehungen kommen, damit nicht sichtbar wird, wie verletzt das Innere wirklich ist.

Ich war selbst im ersten Moment irritiert, als mir in diesem Kontext Primo Levi in den Sinn kam, der die Verfolgung durch die Nazis im Konzentrationslager überlebte. Als Schriftsteller fasst er seine traumatische Erfahrung Schritt für Schritt in Sprache und macht sie so mitteilbar. »Das

Subjekt, das das traumatische Erlebnis in Worte zu fassen versucht, setzt sich der Anstrengung aus, sich einem akut bedrohlichen Erinnerungskern zu nähern und etwas von ihm mitzuteilen, der selbst subjektiv fundamental nichtsprachlich erlebt wird.«[27] Die Zerschlagung der Subjektivität bewirkt, dass Erlebtes nicht mehr aus der Objektposition heraus erlebt werden kann. Zugespitzt kann man sagen, »dass ein ermordetes Selbst keine Erfahrungen hat, ganz zu schweigen von erzählbaren Erinnerungen«[28]. Auch bei undramatischen Erlebnissen kann es zu diesem Verstummen kommen, zu einer Sprachlosigkeit, die verhindert, dass Erlebtes zur Erinnerung werden kann, zur erzählbaren Erinnerung.

In der christlichen Tradition werden Geschichten erzählt, im Rhythmus des Jahres, immer wieder. Wie wenn sie nicht vergessen werden sollten – die Freude einer zufällig erinnerten Frau, die nach vielen Jahren gebückt und ausgeschlossen, wieder aufgerichtet den Himmel und die Sterne sieht (Lk 13,10–17). Der Mann Jesus, gefoltert von den Machthabenden und zynisch zur Schau gestellt – wie ungezählte Frauen und Männer seit Jahrtausenden –, es wird erinnert, immer wieder erzählt, vielleicht – damit wir nicht verstummen (Mk 15,16–20a par). Und immer wieder die eigenen Geschichten … Frauen, und auch Männer, die aus der Sprache gefallen sind, die erst allmählich wieder erinnern, wie es sich anfühlt, allein zu sein, wie das Kindergefühl von damals lähmend war, wie es sich verändern konnte, welche Farbe die Angst hatte, die Trauer, aber auch das Glück, die Freude, der Sommer …

Emotionen – Schlaglichter auf ein schillerndes Phänomen

Es sagt sich so leicht, uns selbst ernst zu nehmen, die eigenen Wahrnehmungen auch zu deuten und einzuordnen, wie das Erlebte zu verstehen ist. Sich der Dimension des »Heiligen« zu nähern, »Heiliges« zu erleben, für einen Moment davon erfasst zu sein, wirft uns zurück auf die unzähligen Facetten unseres emotionalen Erlebens. Wie wir von frühester Kindheit an gelernt haben, Gefühle wahrzunehmen, aufzunehmen und zu erwidern, ist unter entwicklungspsychologischer Perspektive bereits unter dem Stichwort »Von Beginn an – im Dialog« beschrieben. Sich heranzutasten an die eigenen Gefühle – es klingt wahrhaft einfacher, als es ist – Gefühle, die ich mir kaum eingestehe, die ich mir nicht erlaube, die ich längst aus meinem Leben gestrichen habe, die ich ausblende. Der Neid zum Beispiel macht mir manchmal offene Wünsche, ungelebte Seiten in mir deutlich, die zu leben ich mich vielleicht nicht traue; was ich einer anderen Person neide, wünsche ich mir vermutlich selbst. Oder die Scham – manchmal in Spannung zwischen dem Wunsch, gesehen zu werden, und der Erfahrung, den Erwartungen nicht zu entsprechen. Mich zeigen zu wollen und zugleich in Sorge zu sein, ob das, was ich da zeige, gut genug ist. Scham ist manchmal schwer spürbar, schwer benennbar, ein diffuses Gefühl von »peinlich«. Fast alle Menschen erleben es als Entlastung, sich endlich zeigen zu können. Dieses Sich-Zeigen ist mit der Hoffnung verbunden, dass es ein Gegenüber gibt, das mich wahrnimmt, das mich sehen will, das es aushält, mich so zu sehen. Oder der Moment, in dem ich mich »glücklich« fühle

– und gleichzeitig zu spüren, dass ich mir das Gefühl von Glück kaum erlaube, weil es sich ja auch wieder ändern kann, weil …

In unserer Kultur sind Vernunft und Gefühl häufig als Gegensätze wahrgenommen. Sätze wie »Sei doch nicht so emotional!« oder »Bitte bleib sachlich, lass dich nicht von deinen Gefühlen leiten!« zeigen Unsicherheit im Umgang mit Emotionen. Zugleich gibt es medial inszenierte Gefühle, Talkshows, in denen Tränen fließen oder Menschen sich anschreien. Oft steht eine Ambivalenz im Vordergrund: cool sein – und zugleich Gefühle zeigen können, Emotionen verbergen und zugleich emotional präsent und empathisch sein …

Was sind Gefühle, Affekte, Emotionen?

In einem frühen Wörterbuch der französischen Sprache von Antoine Furetière aus dem Jahr 1690 heißt es: »EMOTION: Außergewöhnliche Bewegung, die Körper und Geist aufrührt und das Temperament oder das Gleichgewicht des Gemütes stört.« Eine Emotion ist also eine Bewegung, »eine plötzliche Reaktion unseres gesamten Organismus (…), die physiologische (unseren Körper betreffend), kognitive (unseren Geist betreffend) und Verhaltenskomponenten (unser Handeln betreffend) enthält«[29]. Emotionen haben sich im Verlauf der Evolution als hilfreich herausgebildet und werden genetisch weitergegeben. Emotionen werden durch körperliche Empfindungen ausgelöst, so reagiert der Körper z.B. auf ein Erschrecken, (Bruchteile von) Sekunden später empfinden wir die Angst. Emotionen werden aufgrund unseres Denkens wahrgenommen, eingeordnet und bewertet. Emotionen sind kulturell vermittelt, kontextabhängig, und sie sind geschlechtergeprägt.

Bereits 1969 konnten Paul Ekman, Professor für Psychologie in San Francisco, und sein Kollege W. V. Friesen nachweisen, dass »der Gesichtsausdruck für einige Grundemotionen (wie Angst, Freude, Ärger, Ekel und Trauer) in allen Kulturen gleich, der Zusammenhang zwischen diesen Emotionen und ihrem Gesichtsausdruck also universell und daher biologisch grundlegend für alle Menschen (und höheren Säugetiere wie die Affen) sei. Allerdings betont Ekman ausdrücklich (1994), dass es von der jeweiligen Kultur abhängt, was etwa als ›Beleidigung‹ gilt und zu Ärger führt. Ferner gibt es ›Darbietungsregeln‹ (display rules), die bestimmen, ob, wann und wie ein bestimmtes Gefühl wie etwa Trauer ausgedrückt wird. Derartige Regeln werden kulturell vermittelt, sind also gelernt.«[30] Ein Gefühl zu erfassen, bedeutet also, dass zur körperlichen Wahrnehmung ihre Bewertung und Interpretation hinzukommt.

Die beiden Begriffe »Emotion« und »Gefühl« lassen sich differenzieren, auch wenn sie im Sprachgebrauch häufig synonym verwendet werden. Eine »Emotion« ist ein komplexer Prozess; im Gegensatz dazu meint »Gefühl« das subjektive Erleben der Emotion, wobei das kognitive Element fehlen kann. Gefühle können sich mit Wahrnehmungen, Empfindungen mit Denken und Wollen verbinden, doch sie beschreiben primär das dazugehörige subjektive Erleben. Sie haben Lust- und Unlustcharakter, sind angenehm oder unangenehm – es wird also eine Wertung vorgenommen. Das Verb »fühlen« ist seit dem 17. Jahrhundert in Gebrauch. »Fühlen« kann die haptische Wahrnehmung bezeichnen, einen seelischen Zustand, eine innere Auseinandersetzung mit äußerlich Wahrgenommenem sowie eine Intuition bzw. Ahnung und eine Kompetenz. Im Gegensatz zu »Stimmungen« sind »Emotionen« kurz und intensiv. »Affekte« hingegen sind nicht mehr bewusst steuer- und kontrollierbare Emotionen. »Affekt« stammt vom lateinischen »affectus« (Zustand, Leidenschaft, Begierde) sowie vom griechischen »pathos« (Leiden, Leidenschaft). »Affekt« beschreibt einen Zustand starker emotionaler Erregung, der das Verhalten leitet und von Veränderungen im subjektiven und körperlichen Empfinden begleitet ist.

Zahlreiche Auflistungen von Emotionen liegen vor: Freude, Überraschung, Traurigkeit, Angst, Ekel, Zorn, Vergnügen, Verachtung, Zufriedenheit, Verlegenheit, Schuldgefühl, Stolz, Genugtuung, Sinnenlust und Scham. Sie sind Teil der zwischenmenschlichen Kommunikation, sie beinhalten eine Beziehungsbotschaft, sie dienen der Wahrnehmung von Situationen und wir erinnern Szenen über die Gefühle, die wir darin hatten. Der Körper erinnert auch Gefühle, die dem Bewusstsein nicht zugänglich sind. Das Wahrnehmen dieser vielfältigen Gefühle ist gelernt, wir bleiben im Kontakt mit unseren Gefühlen, indem wir den Körper und unsere Träume wahrnehmen, Gefühle wie Ohnmacht, Stolz, Trauer, Glück, Schmerz … haben für das Individuum eine jeweilige Geschichte; je nachdem werden unterschiedliche Facetten des jeweiligen Gefühls wahrgenommen, erinnert und kommuniziert. Begegnung mit mir selbst, mit anderen Menschen, aber auch im Religiösen, ist nicht ohne die emotionale Dimension möglich, weil diese unsere Wahrnehmung, unsere Begegnungen und unsere Erinnerung prägen.

Wenn Impulse zu intensiv werden …

Sigmund Freud hat Anfang des vorigen Jahrhunderts über mehrere Erkenntnisschritte hinweg das sogenannte Strukturmodell entwickelt: Im Menschen scheint es widerstrebende Kräfte zu geben, Seiten in uns, die Wünsche haben, Sehnsüchte, Hoffnungen und Bedürfnisse – eine »Kinderseite« in uns, mit Lust, Trieben und Wünschen. Freud nannte es »Es«. Andererseits haben wir Normen, Regeln und Ideale in uns, Bilder, wie wir sein sollten, was gut und richtig wäre, manchmal einschränkend empfunden, viel häufiger aber als Ideale, bis hin zur Überforderung – »So sollte ich sein, so wäre ich richtig«. »Über-Ich« hat Freud dazu gesagt. Und er hat eine regulierende, ausgleichende Kraft zwischen diesen beiden angenommen, das »Ich« als bewusste, vernünftige und kompromissfähige Instanz, die zwischen »Es« und »Über-Ich« ausgleicht und steuert und – zumindest teilweise – bewusst entscheidet.

Von Geburt an lernen wir, dass manche Gefühle, Wünsche oder Impulse zu heftig oder zu bedrohlich sind. Sie könnten uns überrollen, wichtige Beziehungen gefährden oder zerstören, sodass wir selbst Angst vor diesen Empfindungen haben und dass uns liebe Menschen diese nicht mögen oder nicht aushalten. Also lernen wir, diese Empfindungen abzuwehren, so sehr, dass wir gar nicht mehr merken, dass wir abwehren. Es kann sein, dass ich Angst, Wut oder Trauer gar nicht mehr wahrnehme, gar nicht mehr spüre, dass ich viele Möglichkeiten entwickelt habe, dies gar nicht mehr zu merken … Stellen Sie sich vor, ein Kind, das aufgrund der familiären Situation zwar die Sehnsucht nach dem Vater spürt, aber erlebt, dass die Mama sehr traurig wird, wenn es nach dem Vater fragt, kann irgendwann nicht nur aufhören, nach dem Vater zu fragen, sondern die Sehnsucht selbst vergessen, »verdrängen« könnte man sagen. Oder es ist zornig auf den Vater, einfach nur zornig – und vielleicht erst im späteren Alter wird durch andere Erfahrungen wieder spürbar, dass die alte Sehnsucht immer noch da ist, dass die Wunde, »der Vater hat mich verlassen, er wollte sein Kind nicht«, immer noch wehtut …

»Abwehr« ist also eine innere Verarbeitung. Im psychoanalytischen Kontext versteht man darunter »alle diejenigen – zumeist unbewusst, automatisch verlaufenden – Prozesse bzw. Mechanismen, welche der Entlastung des Ichs von unlustvollen Gefühlen und Affekten (bzw. dazugehörigen kognitiven Inhalten) dienen«[31]. Eine in einer bestimmten Zeit für mich bestmögliche Form der Entlastung, der »Abwehr«, kann später schwierig werden, weil sich »meine Welt« verändert hat, weil ich, jetzt erwachsen, z.B. nicht mehr geschlagen werde, weil in den gegenwärtigen Beziehungen Gefühle nicht mehr doppelbödig sind und weil mein jetziger Partner meine Eigenständigkeit nicht mit tagelangem Schweigen bestraft … Es kann sein, dass ich längst »in einer anderen Welt« lebe, aber meine Mechanismen noch »aus früherer Zeit« stammen, als hätte sich nichts verändert. So ergeht es Menschen, die Jahre nach dem Krieg noch leben »wie im Krieg«. Wir haben also Muster entwickelt, die uns in bestimmten Lebenssituationen hilfreich waren, unsere Erfahrungen einzuordnen und zu bewältigen. Als schwierig erleben wir, wenn diese bisherigen Muster nicht mehr förderlich sind, um damit die jeweils gegenwärtigen Situationen bewältigen zu können.

Abwehr tritt auf, wenn wir das, was wir uns wünschen, nicht direkt anstreben dürfen; sie dient zum Schutz und zur Bewältigung von inneren Konflikten und heftigen Gefühlen … Wir können also »Abwehr« als innere Verarbeitung, als Bewältigungsversuche der Angst oder anderer als unangenehm erlebten Gefühle und Wünsche verstehen. Wir können traurig sein, weil wir traurig sind; wir können aber auch traurig sein, weil Zornigsein nicht erlaubt ist – beim letzteren Beispiel dient die Trauer der Abwehr des Zorns. Empfindungen, die mir schmerzvoll sind – vielleicht Angst, Ärger, Zorn, Hass, Wut, aber auch Liebe, Zuneigung … –, können auf verschiedene Weise »abgewehrt«, verändert, erträglich gemacht werden. Einige dieser Muster sind allgemein bekannt geworden, z.B.:

- Intellektualisieren oder rationalisieren – ich erkläre Gefühle, damit ich sie nicht spüren muss.
- Ich kann Gefühle verdrängen oder nur ganz wenig spüren, das wird »Affektverdünnung« genannt.
- Ich kann Wünsche ins Gegenteil verkehren, statt aggressiv bin ich zu einer Person ganz nett.
- Ich kann meine aggressiven Impulse auf eine andere Person oder Personengruppe projizieren; anstatt mir einzugestehen, dass ich aggressiv gegen Person B bin, werfe ich Person B vor, sie sei aggressiv gegenüber mir.
- Ich kann unerlaubte oder negativ besetzte Impulse durch entgegengerichtete Haltungen oder Handlungen abwehren; z.B. mache ich jemandem ein Geschenk, um – häufig unbewusst – die eigenen aggressiven Gedanken gegen diese Person »ungeschehen« zu machen; oder ich mache aggressive Impulse durch besonders viele Gebete oder durch magische Handlungen »ungeschehen«.
- Ich kann in frühere Entwicklungsstufen zurückkehren, regressiv reagieren, wie eine Rückkehr in eine »bessere« Zeit, bei Konflikten z.B. verhalte ich mich wie das kleine Mädchen, das ich einmal war …

In Organisationen funktioniert »Abwehr« ähnlich, es lassen sich parallele Prozesse beobachten: Eine Organisation lässt z.B. eine bestimmte Entwicklung nicht zu, sondern beharrt auf früheren Mustern (»So haben wir das immer gemacht«) oder stilisiert Personen, die eine Veränderung anbahnen, zu »zerstörerischen Kräften«, oder blendet Veränderungen aus, verdrängt sie … Dies gilt auch für religiöse Organisationen.

Vielleicht fragen Sie sich schon, wieso denn so viel von Gefühlen und Abwehr die Rede ist? Weil wir auch Religiöses so wahrnehmen. Die Qualität einer religiösen Erfahrung erschließt sich zuerst nicht über Worte, sondern wird stark emotional aufgenommen. Wie oben erläutert, spielen auch Abwehrreaktionen mit, weshalb Religiöses ebenso zur Abwehr von Emotionen genutzt werden kann: Wenn wir beispielsweise früh gelernt haben, dass zornige und wütende Impulse uns »schlecht« machen, können religiöse Impulse genau dies unterstützen und uns vor Zorn und Wut vordergründig bewahren. Ich kann im Gebet meine Emotionen wahrnehmen und mich mit diesen konfrontieren, sodass ich Formen entwickeln kann, mich diesen zu stellen; ich kann aber auch das Gebet nutzen, um diese Emotionen auszublenden, um sie vor jeder Wahrnehmung »klein« zu halten. Religiöses kann mir einen Weg aufzeigen, an Grenzen des Lebens den Mut nicht zu verlieren, Kraft zu schöpfen in einer vertrauensvollen Haltung – Religiöses kann, von außen nicht erkennbar, mich auch klein machen, mich regressiv in einer Haltung verharren lassen, die mich zum Kind macht, das akzeptieren muss, was der/die große »Übervater-Übermutter-Gott« für mich bestimmt hat. Von außen nicht zu bewerten hat Religiöses so unterschiedliche Facetten.

Mit mir selbst im Kontakt sein – Identität

Zu den »Erfahrungen des Heiligen« gehört, mit mir selbst im Kontakt zu sein. Das heißt nicht, immer bei mir zu Hause zu sein, aber: im Kontakt. Diese Momente des »Einsseins« mit mir selbst könnten auch als Momente von Identitätserfahrung beschrieben werden.

Begriffliche Klärungen

Als um die Wende zwischen 19. und 20. Jahrhundert unsere Gesellschaft erheblich an Komplexität gewann und traditionelle Rollenvorstellungen aufbrachen, ist der Begriff »Identität« entstanden. Das Gefühl der Ich-Identität ist das »angesammelte Vertrauen darauf, dass der Einheitlichkeit und Kontinuität, die man in den Augen anderer hat, eine Fähigkeit entspricht, eine innere Einheitlichkeit und Kontinuität (...)«[32]. Erik H. Erikson entwickelte also ein Konzept von »identity«, eine bewusste und unbewusste Leistung des Ich, zeitliche Kontinuität und Konsistenz der Person zu schaffen angesichts der Vielfalt ihrer Antriebe und der differenzierten Erwartungen der sozialen Umwelt; das wird fachlich personale Identität und soziale Identität genannt. »Wer bin ich – in meinen Augen und in den Augen anderer?« Die einzelne Person muss divergierende und widersprüchliche Erwartungen aushalten und gestalten; nicht Harmonie, sondern Ich-Balance ist gefragt. In der Dimension der Religiosität kann die Frage ergänzt werden durch die Perspektive der eigenen religiösen Überzeugungen: »Wer bin ich unter der Perspektive meiner Religiosität, meines Glaubens?«

Soziale Identität beruht auf der Zugehörigkeit zu einer Gruppe und auf der Erfahrung sozialer Anerkennung, dem Gefühl, gebraucht zu werden und Beziehungen aktiv zu gestalten. Jedem Menschen wird von anderen ein Name zuerkannt, die anderen machen sich aber auch ein bestimmtes Bild, mit dem sie in Beziehung treten; in Verhältnis zu diesem Bild wird auch die Entwicklung eines Menschen beurteilt. Wenn das Verhalten eines Menschen zu sehr in Widerspruch zu diesem Bild (in den eigenen Augen und in den Augen der anderen) gerät, macht das unsicher und erschwert die Kommunikation. Zu den identitätsfördernden Fähigkeiten gehört der Umgang mit Rollen und Erwartungen, die an die Person herangetragen werden, sowie die eigenständige Gestaltung und Erweiterung der Möglichkeiten, die in einer Rolle liegen, und die Fähigkeit, sich von den Rollen wieder zu distanzieren, und vieles mehr.

Postmoderne Herausforderungen

Die vergangenen Jahrzehnte haben diese Entwicklung zugespitzt. Alle Formen von Denken, Gestalten, Handeln und Leben sind vielfältig geworden. »Fortan stehen Wahrheit, Gerechtigkeit, Menschlichkeit im Plural.«[33] Dieses Lebensgefühl wird manchmal als »diffus« erlebt, als Beliebigkeit im Sinne eines »anything goes«. Die Pluralität erfordert aber ein höheres Maß an Gespräch und Auseinandersetzung, um uns in der Vielfalt zu verstehen. Wer ich selbst bin, kann damit an Eindeutigkeit verlieren, weil ein ständiges Umschalten auf Situationen notwendig ist, in denen ganz unterschiedliche, sich sogar gegenseitig ausschließende Personanteile gefordert sein können. Metaphern wie Collage, Fleckerlteppich, Patchwork, Bastelmentalität helfen, sich selbst als »Homeworker«, als »Bastlerin« der eigenen Identität zu verstehen.

»Bastlerin« zu sein bedeutet: mit mir eins sein; anderen Menschen oder sich selbst gegenüber fremd werden; mich entscheiden müssen, welche Erwartungen ich erfüllen will, und zugleich wissen, dass mich die anderen spüren lassen, wenn ich zu fremd werde, wenn Selbst- und Fremdwahrnehmung auseinanderklaffen; merken, wie schwierig es ist, von anderen so gesehen zu werden, wie ich mich sehe. Vielen sind diese zunächst beunruhigenden Entwicklungsschritte vertraut: als junger Mensch die eigene Veränderung irgendwie spüren und zugleich fremd werden, die eigenen Eltern, Geschwister verstehen mich nicht mehr, nur meine Katze vielleicht … Es braucht Aufmerksamkeit, innere Veränderungen bei mir und bei anderen Menschen überhaupt wahrzunehmen, und es braucht Kraft, immer wieder Sprache zu finden, um von meinen Veränderungen zu erzählen. Es ist schmerzhaft, wenn mich wichtige Menschen auf alte Bilder festlegen, Veränderungen nicht wahrhaben wollen. Und es kann wehtun, wenn ich selbst erst spät merke, wie sehr ich mich verändert habe.

Im Erleben scheint es zwei Ebenen von Identität zu geben. Einerseits ein inneres Empfinden, mir meiner selbst ein Stück gewiss zu sein, ein Vertrauen, eine innere Sicherheit, ein innerer Boden. Und wir können andererseits das, was wir selbst sind und sein wollen, »konstruieren« in der Art, wie wir uns darstellen, wie wir uns kleiden, wie wir reden und wie wir unsere Geschichten erzählen. Immer wieder auf's Neue, je nach Kontext können wir variieren, anderes in den Vordergrund rücken, uns verändern … Vielleicht wird so besonders deutlich, was mit der Möglichkeit, aber auch mit der Anstrengung für die einzelne Person gemeint ist, sich verändern zu können. Dass diese Prozesse auch eine spirituelle Dimension haben, ist schon angeklungen. Wer bin ich in meinen Augen? Wer will ich sein? Wer bin ich in den Augen anderer – und wer will ich darin sein? Bin ich jemand, wenn mich niemand ansieht? Gibt es mich über mich selbst hinaus?

Entwicklung in Spannungsbögen

Identität ist ein lebenslanger Prozess, in dem ich mich im Kontakt mit mir und mit anderen immer wieder neu schaffe, darstelle, entwickle. Fritz Riemann, deutscher Psychologe und Psychoanalytiker (1902–1979), beschreibt unter dem Stichwort »Grundformen der Angst« die Spannungsbögen, in denen Menschen grundlegend ausgerichtet sind, die Orientierung geben in der Selbst- und Fremdeinschätzung:

1. Menschen erleben sich in der Suche nach Abstand und Autonomie, die sich als Angst vor Selbsthingabe äußern und als Ich-Verlust und Abhängigkeit erlebt werden kann. Wir wollen ein unverwechselbares Individuum sein und fühlen uns verletzt, wenn jemand unseren Namen immer vergisst. Pointiert formuliert könnte man sagen: Nähe wird zutiefst ersehnt, aber aus Angst vor drohendem Verlust wird sie misstrauisch abgelehnt und durch Unabhängigkeit und Autonomie ersetzt. Meine Angst vor Nähe und Hingabe macht mich autonom,

macht mich unabhängig und auch distanziert. Der Preis der Einsamkeit ist leichter zu ertragen als der Schmerz, wenn Nähe nicht erlebt wird, wenn Bindung in Distanz, in Nicht-Erkanntwerden, in Trennung endet.

2. Am anderen Ende des Spannungsbogens können Menschen vorrangig Nähe suchen; diese Suche nach Nähe kann sich in einer Angst vor Selbstwerdung äußern und wird als Ungeborgenheit und Isolierung erlebt. Die Sehnsucht, uns dem Leben und den Menschen vertrauensvoll zu öffnen, kann mit der Angst verbunden sein, uns in der Eigenständigkeit und Einsamkeit zu verlieren: Ich binde mich viel, ich binde mich gerne – zu viel. Für den Wunsch nach Kontakt und Geliebtsein bin ich bereit, sehr viel zu tun, Anpassung und Leistung, Verzicht auf eigene Meinung … – diese Spannung, lieber sich selbst aufzugeben als die andere Person zu verlieren, kann vielfältige Formen annehmen (beispielsweise sich durch besondere Leistung, durch Wohlverhalten … Liebe zu verdienen). Der Grundkonflikt besteht in einer großen inneren Erwartung von Verwöhnung (Schlaraffenlandfantasien) bei gleichzeitigem Leistungsstreben (Selbstüberforderung) und der Schwierigkeit, etwas für sich selbst zu fordern, um nicht enttäuscht zu werden, wenn es nicht erfüllt wird. Diese Spannung kann sozial sehr erwünschte Eigenschaften verstärken (kontaktstark und warmherzig, verlässlich in Beziehungen), geht aber oft mit der Angst einher, eigenständig nicht allein, sondern einsam zu sein und verloren zu gehen.

3. Suche nach Ordnung ist häufig gepaart mit Angst vor Wandlung, vor Vergänglichkeit und Unsicherheit. Autonomiestreben, eigener Wille und Durchsetzungskraft kollidieren mit dem Wunsch nach Sicherheit, nach Ordnung, nach Gesetzmäßigkeiten, die Orientierung geben: Gegen das Chaos ein wenig Ordnung, gegen die Vergänglichkeit ein wenig Bleiben, Verweilen ... Dinge und Menschen sollen bleiben, was und wie sie sind, denn Veränderung irritiert und macht Angst. Meine eigene Kraft kollidiert mit Normen und Regeln, die ich erlebe, die Kontrolle verlagert sich in die eigene Person. Der Impuls nach Lebendigkeit, eigenem Willen und Durchsetzungskraft kollidiert mit dem Wunsch, sicher zu sein, Ordnung und Regeln zu haben. Die Angst vor Risiko, vor Veränderung, vor Neuem kann durch diese Ordnung kontrolliert werden.

4. Umgekehrt verbindet sich die Suche nach Wandel mit Angst vor »Notwendigkeit«, vor Festlegung, erlebt als Endgültigkeit und Unfreiheit. Anders formuliert: Der Wunsch nach Wandel, nach Veränderung kann so stark sein, dass ständig Schönes zerstört werden muss. Bleiben heißt, mich aufgeben. Der Wunsch nach Halt wird überlagert vom Freiheitsstreben, Erlebnishunger, Abwechslung – auch hier wird wieder die größte Angst als größte Sehnsucht sichtbar: Die Angst vor Festlegung ist gepaart mit dem Wunsch nach Halt, nach Stabilität – zugleich weiß ich mit diesem Grundmuster nur vage, was das eigentlich hieße, »Halt«, »Stabilität« zu haben im positiven Sinn. Die Angst vor Liebesverlust kollidiert mit dem Wunsch nach Selbstständigkeit. Selbstüberschätzung und Minderwertigkeitsgefühle können miteinander auftreten, die Suche nach Orientierung ist ein begleitendes

Thema. Für Fritz Riemann ist die Balance der verschiedenen Verarbeitungsmuster lebensfördernd. Diesen vier Herausforderungen müssen wir uns immer wieder stellen und auf die darin verankerten Sehnsüchte und Ängste eine »Antwort« im Lebensvollzug finden. Aus heutiger Sicht ist wohl ein fünftes Verarbeitungsmuster zu ergänzen. Die Spannung zwischen Bestätigung und Idealisierung einerseits und Abwertung bzw. Entwertung andererseits kann zur Angst führen, sich emotional einzulassen und emotional niederzulassen. Aus Angst vor Zurückweisung und Kränkung kann schroffes Verhalten genau das verhindern, was am meisten ersehnt ist – Begegnung, berührt werden im Inneren, wo hinter allem Grandiosen und Begabten immer auch ein »Kind« sich klein, leer und unsicher fühlt, wo ein »Kind« gesehen, berührt und um seiner selbst willen geliebt werden möchte. Hinter arroganten und selbstgefällig wirkenden Haltungen können Gefühle der Verlassenheit, des Alleinseins und des Zurückgewiesenseins stehen. Aus einer unsicheren Selbstwahrnehmung bezüglich des eigenen Körpers und der eigenen Gefühle entsteht eine hohe Angewiesenheit auf äußere Bestätigung, Bewunderung und Liebe. Zugleich kann die unerfüllte Sehnsucht manchmal behindern, erhaltene Zuwendung wahrzunehmen und darauf mit tieferen Gefühlen der Dankbarkeit, Anteilnahme und Liebe zu antworten.

In der jeweils größten Angst spiegelt sich die größte Sehnsucht. Für mich ist es immer wieder faszinierend, wie vielfältig wir Menschen sind, wie unterschiedlich und facettenreich. Dies kann auch anstrengend sein, aber – wie langweilig wäre unsere Welt, wenn es diese vielen Facetten nicht gäbe, wie wir die Welt wahrnehmen und verarbeiten, wie wir fragen und Wege suchen, unser Leben zu gestalten, Beziehungen zu sichern oder zu lösen, und wie wir mit uns selbst, mit den anderen, mit dem »Leben« umgehen.

Die jeweils eigenen Grundmuster prägen mit, wie wir unsere Religiosität leben, wie wir glauben, wohl auch was zu glauben uns plausibel erscheint. Im christlichen Kontext zu glauben bedeutet nicht etwas, sondern jemandem zu glauben. Festhalten und Loslassen, Bindung und Eigenständigkeit – das sind Grundthemen und Grundmuster auch in der Art der jeweils eigenen Religiosität. Christliche Religion thematisiert durchgängig diese beiden Dimensionen: loslassen, alles hinter sich lassen, frei werden, »zur Freiheit berufen sein«, wie es bei Paulus heißt. Gebunden sein und zugleich eigenständig, immer wieder ermutigt, den eigenen Weg zu gehen. Gewiss sein, dass dieser Weg begleitet und gesegnet ist, und zugleich festhalten an den Bindungen, Verheißungen und Versprechen. In diesen großen Zusammenhang eingebettet, dürfen wir uns als Mensch entwickeln – das ist die Zusage, im eigenen Leben »Heiliges« zu erfahren.

Die folgende Geschichte wird zur Bar Mitzwa (bzw. bei Mädchen zu Bat Mitzwa), zur jüdischen Feier des Erwachsenwerdens, erzählt: Ein jüdischer Rabbi wurde gefragt, was die Aufgabe in unserem Leben sei. Er erzählte folgende Geschichte: Wenn du sterben und vor Gott kommen wirst und Gott dich fragt: »Warum bist du nicht so mutig wie Mose geworden, warum bist du nicht so klug wie König Salomo geworden?«, dann kannst du zu Gott sagen: »Weil du mich nicht so gemacht hast.« Wenn du aber gefragt wirst: »Warum bist du nicht du selbst geworden?«, dann musst du verschämt verstummen.[34] Deshalb wünschen Juden ihren Söhnen und Töchtern: Werde du selbst – mit all deinen Talenten und all deinen Fähigkeiten, gestalte sie und werde du selbst. Wir können übersetzen: Ich selbst werden – mit meinen Gefühlen, mit meinen Mustern, mit meinen Bindungen, meinen Ängsten und Hoffnungen, meinen Erfahrungen an Beziehungen und Verletzungen …

Religion lehren – Religiöses zur Sprache bringen

Religionspädagogische Überlegungen

Bei genauem Hinsehen sind Entwicklungsprozesse beim Menschen differenziert, vielleicht auch kompliziert, zumindest störanfällig. Wie aber kann gerade da religiöse Entwicklung gelingen, was gilt es in der religiösen Begleitung zu beachten?

Begegnung mit dem »Heiligen« – ungeplant …

Vieles lernen wir aufgrund von Erfahrungen, die wir im Verlauf unseres Lebens machen. Längst bevor ein Kind in die Schule kommt, lernt es danken und bitten, lieben und sich abgrenzen, mit anderen spielen und streiten. Es lernt den Umgang mit Dingen, mit Tieren und mit Menschen, es begegnet religiösen Elementen in der Umgebung, im Fernsehen. Es kennt Farben und Zahlen, hat erste Erfahrungen mit technischen Geräten gesammelt, Samstage in Einkaufszentren erlebt, Blumen und Bäume gerochen und vieles mehr. Für manche Wahrnehmungen und Empfindungen hat das Kind schon Sprache und kann sie benennen, für anderes fehlen noch Ausdruck und Worte.

Warum überhaupt Religiöses?

Vielleicht denken Sie sich: Der Mensch kann auch ohne Religion, ohne Religiosität leben, und das stimmt. Aber: Es gibt ein Recht des Kindes auf ganzheitliches Lernen und auf die Beschäftigung mit religiösen Fragen. Zur Förderung des Wohles von Kindern gehört die Sorge für das Nützliche und Notwendige, für die Grundversorgung an Nahrung und Wohnung, die Sorge für die emotionalen Bedürfnisse und die kognitive Entwicklung. Zum Wohl des Kindes gehört aber auch die Auseinandersetzung mit allem, was ein Kind fragen und nachdenken, staunen und fasziniert sein lässt. Friedrich Schweitzer benennt fünf große Fragen, »die entweder die Kinder an uns richten oder mit denen wir uns selbst bei der Erziehung konfrontiert sehen. Und es sind ›große Fragen‹, weil sie zumindest potenziell nach einer religiösen Antwort verlangen«[35]:

- Wer bin ich und wer darf ich sein? Die Frage nach mir selbst
- Warum musst du sterben? Die Frage nach dem Sinn des Ganzen
- Wo finde ich Schutz und Geborgenheit? Die Frage nach Gott
- Warum soll ich andere gerecht behandeln? Die Frage nach dem Grund ethischen Handelns
- Warum glauben manche Kinder an Allah? Die Frage nach der Religion der anderen

Mit diesen Fragen wollen und sollen Kinder nicht alleine bleiben. Es sind Fragen an Erwachsene, an Eltern und Erziehungspersonen, die sich mit diesen Fragen auseinandersetzen müssen. Denn Kinder wollen wissen, was ihre Bezugspersonen, Eltern, Lehrpersonen, Religionslehrerinnen und -lehrer, und andere für sie wichtige Erwachsene denken und glauben – und weil sie wissen wollen, was sie selbst denken und glauben können. Es geht also darum, Kindern eine auch in religiöser Hinsicht anregungsreiche Mit- und Umwelt zu sichern, sie anzuregen und zu begleiten, über diese »großen Fragen« nachzudenken und nach Antworten zu suchen. Die Zunahme an gesellschaftlicher, kultureller und religiöser Vielfalt ist auch für Kinder deutlich spürbar; umso wichtiger werden Angebote und Orientierungshilfen in dieser pluralen, komplexer werdenden Welt, die Begegnung ermöglichen – mit Religion und mit (eigener und fremder) Religiosität.

Begegnen – begleiten im Religiösen

Begegnung mit dem Heiligen geschieht in »Räumen«, in inneren und äußeren, in realen und imaginierten … – Sie beinhaltet auch, sich in solche Räume zu wagen bzw. andere in solche Räume zu begleiten, die Übergänge zu gestalten, an Orte gelebter Religion zu gehen, in Kirchen nicht notwendig selbst beten zu müssen, sondern mitzuvollziehen, wo Menschen beten, wie Menschen beten …

Begleiten …

»Pädagogik« – der griechische Wortursprung hilft zum Verständnis: »pais – agein«, ein Kind führen, ein Kind bei der Hand nehmen. Im antiken Griechenland war der paidagogos ein Sklave, der das freie Kind aus dem Haus der Eltern ins Gymnasion führte, also an einen Ort des Übens und Lernens begleitete. Der Begriff macht uns deutlich: Es ist nicht das Lernen selbst, das wir machen, sondern wir führen, wir begleiten ein Kind an Orte, an denen es lernen kann, an denen es sich im Religiösen orientieren, Erfahrungen sammeln und diese deuten kann, an denen es den eigenen Standpunkt finden kann. Bei der religiösen Begleitung werden nicht fertige Inhalte weitergegeben, sondern es wird ein Raum eröffnet, in dem Erfahrungen gemacht werden, um selbst zu lernen und sich zu entwickeln. Dies ist ein aktiver Prozess des Hineinwachsens in Kultur und Religion, wobei immer auch deren Umgestaltung geschieht, verbunden mit der Entscheidung, was überhaupt übernommen und was vergessen wird. Lernen kann nicht für jemanden anderen geschehen, aber wir können Begegnung ermöglichen – mit Inhalten, mit Personen, mit Ritualen, mit Traditionen ... Begegnung ist personal und dialogisch – und wie jede Kommunikation ist damit auch Bildung konfliktträchtig und störungsanfällig.

... in einen Raum des »Lernens« ...

Stellen Sie sich »Räume« vor, in denen Menschen eigenständig Religion und Religiösem begegnen können. Dieser »Raum« kann innerhalb von Schule sein, im System Schule, mit den Zielen von Schule, mit allen Besonderheiten, Christentum auf den Begriff zu bringen und zugleich Erfahrungen zu ermöglichen. Dieser Raum kann katechetisch geprägt oder in der Gemeinde angesiedelt sein, um »Hinführung zur Zugehörigkeit« zu ermöglichen, wie Ulrich Hemel es nennt, um Gemeinschaft einzuüben, um auf der Basis von Glaubensbereitschaft nächste Schritte auf dem jeweiligen Glaubensweg zu begleiten. Begegnung mit anderen Menschen, mit Musik und Texten einer bestimmten Tradition ... – »Räume« im Haus von Religion und Religiosität wollen vielfältiges und differenziertes Lernen ermöglichen.

... im Religiösen ...

Im Verständnis von Religion wurzelt ein Kern gegenwärtiger Verunsicherung. Traditionelle Religionen stellen heute keine allgemein verbindlichen Deutungsschemata und Handlungsanweisungen zur Lebensorientierung bereit. Eigene Erfahrung und Religiosität sind zum Maßstab für die persönliche Auswahl im religiösen Bereich geworden; längst ist bewusst, »dass es unter menschlichen Bedingungen kein letztes Wort für die Wahrheit und auch nicht nur einen Weg geben kann, sie zu erfahren«[36]. Dieses Wissen um die Vielfalt religiöser Strömungen lässt fragen, welches Verständnis von »Religion« einzelne Menschen und verschiedene Gruppen von Menschen haben, welcher Religionsbegriff dem Nachdenken zugrunde gelegt wird. Erich Fromm versteht unter Religion »jedes System des Denkens und Tuns (...), das von einer Gruppe geteilt wird und dem Individuum einen Rahmen der Orientierung und ein Objekt der Hingabe bietet«[37]. So verstanden kann er sagen: »Die Frage lautet nicht: ob Religion oder ob nicht?, sondern: welche Art von Religion? Fördert sie die Entwicklung des Menschen, die Entfaltung der spezifisch menschlichen Kräfte, oder lähmt sie die Kräfte?«[38] Mit diesem weiten Begriff von Religion macht Erich Fromm deutlich, dass Orientierung und Hingabe konstitutiv für menschliches Leben sind, dass jeder Mensch ein solches religiöses Bedürfnis hat. Viktor Frankl, der Begründer der Logotherapie (auch Existenzanalyse genannt), hat aufgezeigt, dass das Fehlen dieser Orientierung als »Hingabe an eine Aufgabe« auf Dauer einen Menschen krank machen kann.

In der christlichen Theologie ist Religion im Anschluss an Thomas von Aquin »Hinordnung des Menschen auf Gott allein«. Diese Zuordnung auf Gott hin wird in dreifacher Weise unterschieden, was Günter Biemer folgendermaßen beschreibt:

- »als objektiver Glaube in seiner inhaltlichen überlieferungsbezogenen Gestalt der Glaubens-Botschaft (fides), oder anders gesagt: die tradierten Inhalte und Formen des jeweiligen Glaubens und anderer Religionen
- als persönlich-subjektive, existenzielle Dimension des Glaubens-Aktes (credere), also die subjektive Dimension, was ich persönlich glaube, meine Religiosität
- und wie sich Religion öffentlich zeigt, oder anders gesagt: als äußere Gestalt, durch die sich öffentlich zeigt, was Religion ist (religio)«[39].

Die Unterscheidung zwischen »objektiver und subjektiver Religion« geht auf Georg Wilhelm Friedrich Hegel zurück. Er unterscheidet zwischen »subjektivem Geist« im Sinne des einzelnen Geistes bzw. der einzelnen Person, und »objektivem Geist« im Sinne des gemeinsamen Geistes, der Ausdrucksmöglichkeiten einer Gesellschaft, Kultur, Religion. Analog dazu kann auch im religiösen Bereich unterschieden werden zwischen »Religion im objektiven Sinn« und »Religion im subjektiven Sinn«. »Religion im subjektiven Sinn« ist dann verstanden als der personale Glaubensvollzug des Einzelnen, als persönlicher Glaubensakt, als meine Glaubensüberzeugung, meine Religiosität. Diese kann sich im persönlichen Bekenntnis ausdrücken, das sich nicht mit den Bekenntnissen der großen Kirchen oder Religionen decken muss. »Religion im objektiven Sinn« ist zu verstehen als die »Vergegenständlichung« des Glaubens, Verobjektivierung des Glaubens von Menschen vor unserer Zeit und über unsere Zeit hinaus, wie Bibel, Koran oder andere heilige Schriften, dogmatische Glaubensformulierungen, tradierte Bekenntnisse, religiöse Symbole und Bauten. Bei aller Differenzierung der Begriffe sind die Grenzen in gelebter Religiosität durchlässig zwischen persönlich geglaubten und tradierten Elementen.

… und den vielen Dimensionen von Religion

Religion ist also immer mehrdimensional, vielfältig zu verstehen: Im Erleben wird der erfahrungsorientierte Aspekt von Religion sichtbar, im Denken der magische und der wissenschaftliche, im Tun der ritualisierte und im Sprechen der semantische Aspekt. Oder anders gesagt: Religion zeigt sich auf der Basis der Unterscheidungen von Charles Glock in ganz unterschiedlichen Dimensionen. Diese sind entwicklungsbezogen und nicht immer gleich stark ausgeprägt im Leben Einzelner und der Gemeinschaft. Diese Dimensionen beinhalten meine persönliche religiöse Grundentscheidung; die religiöse Praxis zeigt sich in den Riten, Ritualen und Feiern; religiöses Erleben lässt sich oft nicht direkt herbeiführen, sondern öffnet sich im Miterleben von Religiösem ebenso wie in Haltungen. Die Dimension des Wissens gibt kognitive Orientierung, um denkend einzuholen, was geglaubt wird; religiöse Wirkungen meinen die Konsequenzen aus dem Glauben in die ethischen Grundsätze und ins Verhalten; und Religiöses hat mit Beziehung zu tun, die Zugehörigkeit zu Gemeinschaft, zu Menschen, die denken und empfinden wie ich. Diese Vielfalt führt immer wieder zu Kontroversen und Konflikten, da zum Beispiel spirituelle Erfahrungen einzelner Personen nicht notwendig deckungsgleich sind mit den Formen tradierter Religion. Um die Vielfalt auch für religiöses Lernen zu benennen, wird deshalb differenziert in:

- religionskundliche Aspekte (»teaching about religion«),
- Werterziehung aus reflektierter Grundhaltung, die offengelegt ist (»teaching from religion«),
- Elemente gelebten Glaubens und spirituellen Lebens in einer konkreten Tradition (»teaching in religion«).

Zur Vergewisserung: christlich glauben

Es sollte jeder Religion möglich sein, die zentralen Inhalte in Kurzfassung zu benennen.
Christlicher Glaube geht vom biblischen Menschenbild aus, das Juden und Christen miteinander verbindet. In einem hymnischen und einem mythischen Schöpfungstext erzählt die Bibel, dass der Mensch einen guten Platz auf dieser Welt hat, dass die Erde geordnet und überschaubar ist, dass Menschen leben können auf der Erde wie in einem Garten. Die Bibel erinnert, dass die Geschlechter gleich sind, »Bild und Abbild Gottes«, »Gleiches von Gleichem«, jubelt der Erdling. Aber – der Garten ist zu eng, der Mensch geht an die Grenzen, in seiner Freiheit zahlt er einen Preis für seine Freiheit. Sein Leben wird mühsamer, aber es bleiben die Liebe und die geordnete, schöne Erde.

Der Mensch hat die Möglichkeit zum Guten, er ist gut geschaffen, so sagt der Schöpfungshymnus am Anfang der Bibel (1. Buch Mose, Genesis 1), aber er hat auch die Fähigkeit zum Bösen. Beide Möglichkeiten sind vorhanden, es liegt am Menschen, welche er nutzt, wie viel er an Gutem und an Bösem leben wird. Jesu Leben und Sterben haben verdeutlicht, dass der Mensch die Möglichkeit zum Bösen nicht nutzen muss, dass wir als Menschen sogar die andere Wange hinhalten können und Menschen, die uns feind sind, nicht ebenso feindlich begegnen müssen … Jesus hat bis ins Sterben hinein von der Möglichkeit zum Bösen keinen Gebrauch gemacht. In diese Nachfolge sind Christinnen und Christen berufen. Christlich geht es nicht um das

Nachsprechen von Glaubenssätzen, Inhalten oder bestimmten Praktiken. Interessanterweise hat Jesus selbst auf die Weisungen der Hebräischen Bibel und die jüdischen Grundformen der Frömmigkeit verwiesen: »beten, fasten, Almosen geben«. Berufen sind Christinnen und Christen, diesen Weg Jesu nachzugehen, die Fähigkeit zum Bösen auszulassen – möglichst …

Im Mittelpunkt christlicher Religion steht die Botschaft Jesu, auf die es christlich immer wieder neu Bezug zu nehmen gilt. In ihrem Kern ist die Vielfalt erinnert. Nicht ein Evangelium dient Christinnen und Christen als Maßstab und Orientierung, nicht ein Zugang zu Jesus, sondern verschiedene Zugänge werden tradiert: Neben parallelen Erinnerungen hebt das Markusevangelium andere Aspekte hervor als Matthäus und Lukas; das Evangelium des Johannes wählt wieder einen anderen Blick. Diese Zusammenschau ermöglicht es uns, immer wieder neu den Blick zu öffnen. Die Vielfalt ist gewollt, die Vielfalt gehört zum »Konzept«. Im Religionsbuch für die 4. Schulstufe von Hubertus Halbfas heißt es:

Kennst du deinen Vater?
Weißt du, wer deine Mutter ist?
Zehn Jahre schon du bei ihnen bist.
Doch mit zwanzig siehst du sie anders als heut',
und mit vierzig, wenn sie werden alte Leut',
ist wiederum neu und tiefer dein Blick;
und nochmals anders, wenn du schaust auf ihr Leben zurück.
Ganz ähnlich geht es auch mit Jesus von Nazaret:
Die mit ihm lebten, erkannten ihn spät.
Die nach ihm kamen, suchten neue Namen,
nannten ihn Christus und Heiland und Herr,
und fragten immer weiter, wer er denn wär?
Und auch wir stehen heute noch fragend vor ihm.
Wer ist er für uns? Gibt er weiterhin Sinn?[40]

Die Zeit, in die Jesus hineingeboren wurde, war eine Krisenzeit. Die Bedrohung der kulturellen und religiösen Identität spitzte sich massiv zu. Es sei nur erinnert, dass der römische Feldherr Pompejus 63 v.Chr. am Jom Kippur, dem wichtigsten jüdischen Festtag, den Tempel betrat, um die Beherrschung deutlich zu machen. Fast alle Gruppierungen in dieser Zeit wollen bewirken, dass Gott endlich – wie damals im Babylonischen Exil – einschreitet und die Welt heil macht, dass endlich der Messias kommt und die Welt erlöst. Die Pharisäer wollen dieses Eingreifen Gottes bewirken durch kultische Reinheit und das Befolgen der Tora, die Zeloten wollen dies durch offenen politischen Widerstand tun, Johannes der Täufer durch Umkehr und Buße. Viele gingen davon aus, dass das Weltende unmittelbar bevorstehe und Gott durch das Gericht hindurch sein Reich errichten werde. Doch Jesus hat erkannt, dass der Machtbereich Gottes nicht durch ein Gericht einbricht in diese Welt, sondern jetzt schon da ist, indem Menschen einander zugewandt sind, indem die Zuwendung erfahrbar wird. Die Erde ist der Ort, wo der Himmel bereits erfahrbar ist – wenn wir so leben wie Jesus. Wir können »den Himmel auf Erden haben«, es kann aber auch »die Hölle sein«. Wir können hier und jetzt in der Zuwendung Gottes leben, und wir können diese Nähe selbst weiterleben und anderen erfahrbar machen. Auf diesem Weg, durch uns »schreitet Gott ein« und verändert die Welt zum Heil. Diese Grundausrichtung ist dafür entscheidend, dass uns im Hier und Jetzt geschenkt ist, was wir glauben: »Gott schreitet ein«, indem Menschen sich einander zuwenden.

An jenem Tag

An jenem Tage,
der kein Tag mehr ist –
vielleicht wird er sagen:

Was tretet ihr an
mit euren Körbchen voller Verdienste,
die klein sind wie Haselnüsse
und meistens hohl?
Was wollt ihr
mit euren Taschen voller Tugenden,
mit denen ihr gekommen seid
aus Mangel an Mut,
weil euch Gelegenheit fehlte
oder
durch fast perfekte Dressur?

Habe ich euch
davon nicht befreit?
Wissen will ich:
Habt ihr die anderen
angesteckt mit Leben
so wie ich euch?

Joachim Dachsel[41]

Damit ist aber noch nicht gesagt, welches Verhalten aus dieser Botschaft resultiert: Es ist die Aufforderung, im Hier und Jetzt zu entscheiden, was zu tun ist. Jesus wechselt konsequent vom Befolgen von Geboten und Verboten hin zu einer eigenverantwortlichen Perspektive: Sabbat und Speiseregeln, Essen mit Fremden … Immer wieder geht es darum, dass nicht das äußere Einhalten von Regeln entscheidet, ob wir richtig oder falsch handeln, sondern der bewusste Blick auf die aktuelle Situation, und darauf, was es in dieser konkreten Situation braucht. Dann ist es plötzlich richtig, wenn eine Prostituierte Jesus salbt, dann ist es plötzlich richtig, die Speisegebote zu brechen, bei Zachäus ins Haus zu gehen und mit ihm zu essen, entgegen den Regeln und Geboten.

Die zwei Texte aus dem Lukasevangelium können uns helfen, diese Anleitung Jesu zum Handeln zu verstehen:

»Da stand ein Gesetzeslehrer auf, und um Jesus auf die Probe zu stellen, fragte er ihn: Meister, was muss ich tun, um das ewige Leben zu gewinnen? Jesus sagte zu ihm: Was steht im Gesetz? Was liest du dort? Er antwortete: Du sollst den Herrn, deinen Gott, lieben mit ganzem Herzen und ganzer Seele, mit all deiner Kraft und all deinen Gedanken, und: Deinen Nächsten sollst du lieben wie dich selbst. Jesus sagte zu ihm: Du hast richtig geantwortet. Handle danach, und du wirst leben. Der Gesetzeslehrer wollte seine Frage rechtfertigen und sagte zu Jesus: Und wer ist mein Nächster? Darauf antwortete ihm Jesus: Ein Mann ging von Jerusalem nach Jericho hinab und wurde von Räubern überfallen. Sie plünderten ihn aus und schlugen ihn nieder; dann gingen sie weg und ließen ihn halb tot liegen. Zufällig kam ein Priester denselben Weg herab; er sah ihn und ging weiter. Auch ein Levit kam zu der Stelle; er sah ihn und ging weiter. Dann kam ein Mann aus Samarien, der auf der Reise war. Als er ihn sah, hatte er Mitleid, ging zu ihm hin, goss Öl und Wein auf seine Wunden und verband sie. Dann hob er ihn auf sein Reittier, brachte ihn zu einer Herberge und sorgte für ihn. Am andern Morgen holte er zwei Denare hervor, gab sie dem Wirt und sagte: Sorge für ihn, und wenn du mehr für ihn brauchst, werde ich es dir bezahlen, wenn ich wiederkomme. Was meinst du: Wer von diesen dreien hat sich als der Nächste dessen erwiesen, der von den Räubern überfallen wurde? Der Gesetzeslehrer antwortete: Der, der barmherzig an ihm gehandelt hat. Da sagte Jesus zu ihm: Dann geh und handle genauso!« (Lk 10,25–37)

Diese Beispielerzählung Jesu ist bekannt unter dem Titel »Der barmherzige Samariter«. Das Wort »barmherzig« kommt in der Geschichte selbst gar nicht vor, erst im abschließenden Gespräch ist davon die Rede. Die Szene beginnt ganz anders: Jesus wird auf die Probe gestellt, Ausgangspunkt des Gesprächs ist eine Frage: »Was muss ich tun, um das ewige Leben zu gewinnen?« Was muss ich tun, um »erlöst« zu sein, vielleicht »glücklich«? Im Dialog wird entwickelt, was die Tradition überliefert: Es braucht keine neuen Weisungen, sondern wir sollen nach dem jüdischen Grundgebot handeln, das auch für Christinnen und Christen gilt – mich selbst, die Menschen um mich und Gott zu lieben. Denn, so heißt es im Neuen Testament: »Gott ist die Liebe, und wer in der Liebe bleibt, bleibt in Gott, und Gott bleibt in ihm« (1 Joh 4,16b). Und weiter heißt es: »Wenn jemand sagt: ich liebe Gott!, aber seinen Bruder hasst, ist er ein Lügner. Denn wer seinen Bruder nicht liebt, den er sieht, kann Gott nicht lieben, den er nicht sieht. Und dieses Gebot haben wir von ihm: Wer Gott liebt, soll auch seinen Bruder lieben« (1 Joh 4,20f). Im Lukasevangelium folgt nach dem Gespräch diese schöne, kritische und provokante Geschichte vom Samariter. Denn bei genauem Lesen des Abschnittes im Neuen Testament fällt auf, dass Jesus die ihm gestellte Frage verändert. Am Ende des Gesprächs steht nicht mehr die Frage, wer »mein Nächster ist«, sondern wer mir »zum Nächsten geworden ist«. Entscheidend ist, dass ich für den da bin, der mich gerade jetzt braucht, dass ich demjenigen zum Nächsten werde. Für unsere Ohren könnte das nach Helferpersönlichkeit klingen; jedem helfen zu wollen, der meine Hilfe braucht, ist doch nicht sinnvoll, da vergesse ich mich und brenne aus ... Doch das steht bei dieser Erzählung, die nur im Lukasevangelium erzählt ist, nicht im Vordergrund. Denn wenn wir weiterlesen, folgt der Besuch Jesu bei Marta und Maria, und dort wird Marta, die ständig versorgend und fürsorglich für die anderen da ist, darauf hingewiesen, dass sie auch ohne Arbeit und Engagement für andere einfach da sein darf.

»Sie zogen zusammen weiter und er [Jesus] kam in ein Dorf. Eine Frau namens Marta nahm ihn freundlich auf. Sie hatte eine Schwester, die Maria hieß. Maria setzte sich dem Herrn zu Füßen und hörte seinen Worten zu. Marta aber war ganz davon in Anspruch genommen, für ihn zu sorgen. Sie kam zu ihm und sagte: Herr, kümmert es dich nicht, dass meine Schwester die ganze Arbeit mir allein überlässt? Sag ihr doch, sie soll mir helfen! Der Herr antwortete: Marta, Marta, du machst dir viele Sorgen und Mühen. Aber nur eines ist notwendig. Maria hat das Bessere gewählt, das soll ihr nicht genommen werden« (Lk 10,38–42).

Diese beiden Stellen gehören zusammen: Dem Gesetzeslehrer, der sich durch intellektuelles Fragen und Reden davor schützen wollte, sich wirklich einzulassen, der zwar die Weisungen kennt, aber nicht lebt, ihm ist gesagt: »Handle danach! Mach' dir die Hände schmutzig, schau hin, wo du gebraucht wirst, lass' die Menschen neben dir nicht im Stich.« Marta hingegen wird gesagt: »Es ist genug, setz' dich hin, gönn' es dir, einfach da zu sein.« Wo wir »Gesetzeslehrer« und wo wir »Marta« sind, müssen wir selbst erkennen. Wo wir gebraucht werden und wo es genug ist, wo wir handeln und wo wir es lassen sollen, müssen wir selbst entscheiden. »Der barmherzige Samariter« macht uns deutlich: Christ sein ist nicht möglich, ohne uns einzulassen auf die Menschen, die uns begegnen. Aber: Es geht darum, das zu tun, was in dem Moment, im »Hier und Jetzt« wichtig ist. Denn wichtig ist das, was mir im Jetzt entgegenkommt, was »das Leben« im Jetzt von mir verlangt. So einfach und so kompliziert zugleich ist die Handlungsaufforderung Jesu: Entscheide selbst, in jedem Moment.

... ich glaube dass gott in jedem menschen ist
ich glaube dass mit dem menschen
auch gott übersehen wird
ich glaube dass jeder mensch
ein besonderer aspekt gottes ist
ich glaube dass gott in uns sterben kann
dass er in manchen schon gestorben ist
ich glaube dass gott in unserem leben
in freude in schmerz
in einsamkeit und gemeinsamkeit
ausgetragen werden muss
ich glaube dass gott in uns
das licht der welt erblicken wird

Wilhelm Willms[42]

Mutig im Hier und Jetzt leben, das sagt sich so leicht. Es meint, meine eigenen Wahrnehmungen, Stimmungen und Gefühle ernst zu nehmen, weil sie die Sensoren sind, um immer wieder neu zu entscheiden, was zu tun und was zu lassen ist, welche Handlung, welcher Schritt der nächste und richtige ist – oder genau nicht. Die Ausrichtung der eigenen Entscheidungen nimmt Maß an Jesus selbst, sein »Horizont« ist das »Reich Gottes«, der Einflussbereich Gottes, der auch Entscheidungen abverlangen kann, die wehtun. Liebgewonnenes verlassen, loslassen, teilen, auch das Wenige, mich auf Fremdes einlassen, sogar den Feind nicht mehr als Feind sehen. Deshalb: Es sagt sich so leicht: mutig im Hier und Jetzt leben.

Religion lernen und lehren – konkret

Das, woran ich mich festhalte wie ein Kind, »mein Glaube«, wächst vor allem »von Herz zu Herz«. Wie die Sprache lernen wir auch Religiöses in Beziehung. Jede und jeder von uns ist auf seine Art Modell für Religiosität, für »Glauben«. »Der Anblick eines bekehrten Menschen ist das zwingendste und zugleich leiseste und entwaffnendste Argument«, so John Henry Newman. »Wenn Menschen davon nicht überzeugt werden oder zumindest betroffen, werden Worte es nicht bewirken. Das mag den Weg zu Worten bahnen, Worte mögen hinterher das Passende sein; aber wenn das nicht etwas bewirkt, bewirken Worte noch weniger.«[43] Uns dem »Heiligen« öffnen, »Heiliges« erfahren, zum eigenen Glauben finden – wie geht das konkret, worauf kann ich achten, was kann ich dafür tun?

Gefühle wahrnehmen

Der kurze Einblick in die Komplexität von Gefühlen kann uns wacher machen, die Macht von Gefühlen nicht zu unterschätzen, denn sie durchdringt auch unser religiöses Empfinden. Sie können die Intensität von Gefühlen immer wieder neu entdecken. Zugleich werden Gefühle manchmal so sehr weggepackt, dass sie nicht mehr oder nur mehr im Extrem spürbar werden, zum Beispiel im Nervenkitzel oder in der Gewalt gegen andere und gegen sich selbst. Sie sind eingeladen, den eigenen Erinnerungen nachzugehen: die Geschichte meiner Trauer, meines Zorns, meines Glücks, meiner Ohnmacht. Wie habe ich diese Gefühle entdeckt, wem konnte ich sie zeigen, wer hat sie »ertragen« …?

Die Vielfalt von Gefühlen wahrzunehmen weist mich immer auch auf meine Grenzen hin. Damit verändert sich das Menschenbild, denn auch die Widersprüchlichkeit und das Destruktive in den eigenen Emotionen gehört zum Geschaffensein. Wenn – aus christlicher Perspektive formuliert – zum Glauben gehört, sich von Gott ganz angenommen zu wissen – mit all unseren Empfindungen, mit den unangenehmen und »verbotenen« Gefühlen … – kann ich das glauben? Das Wahrnehmen meiner Empfindungen kann ich üben: Während des Tages, immer wenn ich ein Glas Wasser trinke oder das Fenster öffne oder … – immer dann kann ich für einen Moment achtsam beobachten: Und ich – was nehme ich gerade bei mir wahr an körperlichen Empfindungen, vielleicht Verspannungen im Gesicht, im Nacken, eine gewisse Anspannung, oder viel Ruhe? Was nehme ich an Stimmungen, an Atmosphäre in mir wahr? Oft ist das ungewohnt, aber es kann mir helfen, mich selbst wahr- und ernst zu nehmen.

Empathie einüben

Die Achtsamkeit für Emotionen öffnet auch die Tür zur Empathie: Wie bereits erwähnt, stimmen wir uns in der Empathie auf die Erfahrungen eines anderen Menschen und auf seine/ihre Welt ein, ohne ganz aufzugehen in dieser Welt. Wir »pendeln« zwischen der Wahrnehmung für uns selbst und für die andere Person. Ich spüre, wie es der anderen Person geht, ohne zu vergessen, wie es mir selbst geht. Ich mache nicht die Erfahrung einer anderen Person zu meiner eigenen, ich versuche nur zu verstehen, wie sich diese Erfahrung für die andere Person anfühlt. Diese zutiefst christliche Grundhaltung lässt sich im Umgang untereinander, im Rollenspiel oder in identifikatorischen Übungen erproben, auch in Formen aktiven Zuhörens.

Empathie ist also eine Fähigkeit des Menschen, den eigenen Platz zu verlassen und sich einzufühlen in die Welt einer anderen Person, ohne den eigenen Platz zu verlieren. Ich bleibe im Kontakt mit mir selbst und nehme auf, wie es einer anderen Person geht. Empathie meint »Einfühlung«: Ich nehme nicht meinen Standpunkt zum Maßstab, sondern die subjektive Realität des Gegenübers, also wie mein Gegenüber die Welt sieht, empfindet und deutet. »Empathisch sein heißt nicht, sachlich begründete Antworten zu geben. Empathie heißt vielmehr, dass man die subjektive Bedeutung einer Frage suchen sollte. ... Empathie erfordert, dass wir zwischen der eigenen Welt und jener, die unsere Patienten erleben und wahrnehmen, eine menschliche Ähnlichkeit entdecken können.«[44] Dieses Zitat stammt aus der ärztlich-psychotherapeutischen Arbeit und spricht deshalb von »Patienten«, doch die angesprochene Haltung gilt grundsätzlich: Im Versuch, die subjektive Realität meines Gegenübers zu erfassen, kann ich auch an Grenzen des Mitfühlens stoßen, ich kann die Erfahrung machen, dass mir manches fremd bleibt. Zugleich aber übe ich in dieser Haltung, nicht nur anderen, sondern auch mir selbst gegenüber »einfühlsam« zu begegnen. Vielleicht mögen Sie mitvollziehen, was sich in dieser Haltung ändert: Ich bewerte meine Wahrnehmungen, meine Empfindungen, meine Gedanken nicht mit »gut« oder »schlecht«, »sozial erwünscht oder nicht«, ich bewerte mich selbst nicht nach dem, wie ich in den Augen anderer (und vielleicht auch in meinen eigenen) sein sollte, sondern ich nehme wahr, was ist, wie ich das erlebe, empfinde, denke, deute … Vielleicht ist dann – im nächsten Hinsehen – Verwirrendes dabei, vielleicht Erfreuliches, Erwünschtes und Abgelehntes – aber diese Bewertungen sind erst ein zweiter oder dritter Blick, oder gar nicht von Bedeutung.

»Uns in den anderen hineinzuversetzen und verstehen zu suchen, was in ihm vorgeht, ist nicht dasselbe, wie zu überlegen, wie es uns selber ginge, wenn wir in der gleichen Situation wären. Es erfordert ein hohes Maß an Selbstbeobachtung, um diese wesentliche Unterscheidung nicht aus den Augen zu verlieren; man muss wissen, welche Begriffe und Wahrnehmungen zum eigenen Bezugsrahmen gehören, um das Risiko zu vermindern, ihn dem anderen aufzuzwingen. Empathie ist also nicht gleichbedeutend mit Identifikation.«[45] So zuzuhören, wie E. Schwaber dies beschreibt, erfordert, mich selbst genau wahrzunehmen, meine Regungen, meine emotionalen Antworten beim Zuhören, um mich nicht von der Seite meines Gegenübers zu entfernen und von einem Außenstandpunkt aus zuzuhören, von dem aus wir kommentieren, erklären und wissen, wie es geht. Meinen Blick »von außen« verliere ich nicht, nur weil ich ihn für ein Gespräch, für den Zeitraum meines Zuhörens loslasse und mich einfühle; diesen Blick verliere ich auch nicht, wenn ich nicht nur mit anderen, sondern auch mit mir selbst so umzugehen lerne.

Mitfühlen und mithandeln

Als Kinder wurden wir zuerst von dem geprägt, was damals im eigenen Lebensumfeld selbstverständlich gelebt wurde. Die Art, den Alltag zu gestalten, zu essen, sich zu kleiden, Besuche zu machen, in Kontakt zu treten und sich abzugrenzen, sich unterzuordnen oder sich zu entfalten, zu lachen, zu streiten und zu beten – als Kinder leben wir mit und nehmen das Erlebte als das Selbstverständliche wahr. Erst später, im Vergleich mit anderen Arten zu leben und das Leben zu gestalten, werden für uns Unterschiede deutlich. Wir erkennen Unterschiede zu dem, wie der Alltag bei der Freundin, dem Freund funktioniert, wir lernen zu differenzieren. Auch im Religiösen: Wir haben als Kinder zuerst emotional und handelnd miterlebt, was in der eigenen familiären und erziehenden Umgebung wichtig war, bevor wir schrittweise darüber nachdenken konnten. Feiern im Alltag und im Jahreskreis, die großen und die kleinen religiösen Feste, Bräuche, Lieder und Gebete, Gottesdienstbesuche – wir erfassen zuerst im Miterleben und Empfinden, wir erinnern später oft nicht mehr einzelne Worte, wohl aber die emotionale Atmosphäre. Das Nachdenken über diese Erlebnisse folgt den Erfahrungen. Auch als Erwachsene brauchen wir solche emotionalen Erfahrungen – mithandeln und mitfühlen können in Festen und Feiern, oder im Alltag, wenn wir danken, fragen und bitten, wenn wir »Entschuldigung« sagen – bei all den Ritualen, die wir oft ganz unauffällig machen. Es braucht aber auch das Nachdenken und das Gespräch darüber.

Schätze sammeln – an Bildern, Geschichten und Klängen

Religion, hier konkret die christliche Religion, bietet einen ungeheuren Schatz an stärkenden, an guten Geschichten für die eigene Religiosität. Diese Geschichten ermöglichen es, gute Gedanken aufnehmen und verinnerlichen zu können, in schweren Zeiten einen inneren Schatz an Bildern und Geschichten zu haben, auf die wir zurückgreifen können. Deshalb ist es förderlich, biblische Geschichten zu lesen oder zu hören, die stärkenden Geschichten, aber auch die nachdenklichen, die herausfordernden, die warnenden. Neben Geschichten und Bildern eröffnen auch Klang und Musik innere Räume; mit Melodien und Rhythmen kann ich solche »verinnerlichten Schätze« sammeln. Wenn wir selbst in einer schwierigen Situation sind, dann ist es oft hilfreich zu wissen, dass wir »innere Farben«, »innere Klänge« gesammelt haben, dass wir stärkende Gedanken haben. Wenn wir uns einsam fühlen, ist es gut, Menschen »verinnerlicht« zu haben, an Menschen denken zu können, auch wenn sie nicht da sind …

Vielleicht mögen Sie gleich üben: Wenn Sie für ein paar Minuten zulassen, welche inneren Bilder und Klänge in Ihnen auftauchen, stärkend oder auch Angst machend. Wenn Sie zulassen, welche Menschen in Ihren inneren Bildern auftauchen, muten Sie sich manchmal beides zu: mit den Bildern eines lieben Menschen kann uns auch die Trauer begegnen, dass es nicht mehr so ist, dass mir der Mensch auch fehlt …

Ich schlage Ihnen noch einen ganz anderen Zugang vor: Schauen Sie die Landschaft vor Ihnen oder einen Baum, eine Blume, ein Bild bewusst an, für eine Minute, für einige Minuten. Und dann schließen Sie die Augen, sehen Sie nach innen, sehen Sie das Bild vor Ihrem inneren Auge, auch wenn es äußerlich nicht mehr da ist. Sie können aber auch ein Musikstück bewusst hören, nur ein paar Takte, oder ein Lied – und auch das bewusst verinnerlichen, bewusst er-innern. Sie werden im Laufe der Zeit einen Schatz an Bildern und Klängen haben …

Sprache finden für unsere Sehnsucht

Oft haben wir wenige Worte, die Vielfalt einer Emotion auszudrücken, die ganz persönlichen Facetten von Freude und Trauer, Ohnmacht und Angst. Oft ist es nötig, Sprache zu entwickeln für das, was uns bewegt, was uns Angst macht und uns hoffen lässt. »Was jemand aus seiner Angst macht, das ist seine Religion«, so sagt Alfred North Whitehead, britischer Philosoph, Mathematiker und anglikanischer Bischof (1861–1947). Gerade im Angesicht von schweren Erlebnissen ist die Gefahr des Verstummens groß, die Worte zu verlieren, aus der Sprache zu fallen. Ich erlebe oft Männer und Frauen, die im »Smalltalk« erfahren »plaudern« können, aber kaum Sprache haben für das, was im Leben Bedeutung hat, was sie auch nach innen empfinden und erleben. Rituale und Feiern haben hier eine ganz besondere Bedeutung, in Ritualen drücken wir mehr aus, als wir mit Worten sagen können (aber dazu später).

Sheila erzählt mir dass sie
am ostersonntag mal wieder zur kirche ging
sie wollte wissen denk ich mir
ob wir gründe haben
an die auferstehung zu glauben
aus dem tod in dem wir jetzt sind

Ihre methode war einfach
sie las keinen alten text vor
sie passte nicht sonderlich auf
sie fragte die teilnehmer einfach
wie denn die andere welt aussehen soll

Das schlimme sagt Sheila war nicht das lange schweigen
man hat den leuten das reden so lange verboten
das schreckliche war was dann kam
an liebe und solchem gerede
da war keine vision sagt sheila
sie hatten nichts konkretes zu wünschen

Meinst du nicht werfe ich ein
dass es nur ein sprachproblem war
aber das ist es doch sagt sie bestürzt
ohne vision das volk gottes ohne sprache

Und wenn mich etwas tröstet
in diesem gespräch nach ostern
und vor der ausgießung des geistes
dann war es die trauer in sheilas stimme
und der schmerz in ihren augen

Dorothee Sölle[46]

Das Leiden unter dieser Sprachlosigkeit ist in diesem Gedicht von Dorothee Sölle spürbar. Über lange Zeit hatten und haben wir eine »fertige« Glaubenssprache, die wir von Begriff zu Begriff vermittelt bekamen, die wir in Worten und Begriffen lernten, ohne eigene Sprache zu entwickeln. Sprache entwickeln wir im Kontakt mit anderen, »Muttersprache« wächst auch im Religiösen nicht ohne Beziehung zu anderen Menschen, zu kirchlicher Tradition und zum Denken anderer Menschen. Sprache für Religiöses besteht nicht einfach aus »fertigen« Begriffen, sondern ist eine erfahrungsoffene, teilnehmende Sprache, die im Dialog wächst.

Wie aber können das Ringen und das Suchen nach Antworten nun konkret geschehen? Ein Beispiel aus einem Gespräch mit damals 16-jährigen Schülerinnen und Schülern einer Gymnasialklasse, die ganz engagiert fragten: »Jetzt sagen Sie uns doch endlich einmal, was das heißt: Gestorben für unsere Sünden?« Und ich habe verschiedene Menschen gefragt, ich habe theologische Antworten gefunden, aber nichts, was ich den Jugendlichen hätte sagen können. Und wir haben lange daran gearbeitet, was eigentlich »Sünde« ist aus der Perspektive dieser jungen Menschen, wo sie in Gefahr sind, ihr Leben zu verfehlen ... Wir haben überlegt, was es heißen kann, wenn jemand wie Jesus keine Angst um sich selbst hat, darum bedingungslos einen anderen Menschen berühren und lieben kann, was es verändern würde, wenn wir vieles nicht für unser eigenes Image tun müssten, damit wir gut dastehen, sondern wenn wir uns zurückstellen könnten für einen anderen Menschen, um ihn aufzufangen, um ihm einen neuen Weg zu eröffnen ... Und dann waren wir wieder bei Jesus, wie er auf Menschen zugeht, in der Gewissheit, dass es auf ihn ankommt, Gott durchlässig und sichtbar zu machen ... –

dass es möglich ist, anderen Leben zu eröffnen, wo kein Leben mehr ist, dass es möglich ist, jemanden durch Zuwendung und Liebe zu »erlösen«. Und die Mädchen und Jungen haben Beispiele gesucht für solche Erfahrungen ... Es gibt viele Zugänge, auf diese so schwierige Frage eine Antwort zu versuchen. Welche Antwort würden Sie geben?

Und selbstverständlich lade ich Sie ein, Sprache zu entwickeln für all das, was Sie selbst im Religiösen denken und glauben, was für Sie wichtig ist. Luzia Sutter Rehmann zeigt ihre Sprache im Angesicht der großen christlichen Hoffnung, dass die Liebe stärker ist als der Tod, dass Leben möglich ist, auch wenn es begrenzt ist ... Ihr Gedicht möge Sie anregen, Ihre eigenen Texte zu schreiben, vielleicht auch Ihre eigenen Melodien zu finden:

Ostern – Auferstehung

Wir sind auf der Suche
nach einer Kraft,
die uns aus den Häusern,
aus den zu engen Schuhen
und aus den Gräbern treibt.

Aufstehen und
mich dem Leben in die Arme werfen –
nicht erst am Jüngsten Tag,
nicht erst, wenn es nichts mehr kostet
und es niemandem mehr wehtut.

Sich ausstrecken nach allem,
was noch aussteht,
und nicht nur nach dem Zugebilligten.
Uns erwartet das Leben.
Wann, wenn nicht jetzt?[47]

Fragen lernen – achtsam, langsam …

Sprache wächst auch an Fragen. Manchmal ist es spannender, die Fragen zu einem Thema zu sammeln, als den Antworten nachzugehen. Manchmal ist es spannend, in der Vorbereitung zu einer Begegnung, zu einem Gespräch innerlich zu sammeln, was ich die andere Person gerne fragen möchte … Vielleicht spüren Sie auch, dass es gar nicht so einfach ist, die Fragen wiederzufinden …

Über das Fragen hinaus gibt es einen Weg, der in der christlichen Tradition »via negativa« genannt wird: Über das, was »nicht« ist, wird zu fassen versucht, was doch »sein könnte«. In einer Zeit, in der wir fast trainiert werden auf positive Formulierungen und exakte Definitionen, ist es anregend, dem »nicht« ein wenig Platz zu geben. Auch in Beziehungen kann es klärend sein, sich – vielleicht wieder einmal – zu vergewissern, was ein Mensch, der mir sehr lieb ist, für mich »nicht« ist. Dieser Weg ist ebenso religiös heilsam …

Du bist die Antwort nicht

Du bist die Antwort nicht
auf unser Fragen, Gott,
du bist kein Trost,
wenn wir nicht weiterkönnen
und an die Mauern
unseres Daseins stoßen.
Auch keine Zuflucht bist du
für unsere Unwissenheit,
du bist kein Lückenbüßer,

du bist für uns kein Weg
zu irgendeinem Glück
und keine Quelle unseres Wohlstands.
Du bist kein Grundsatz, Gott,
du bist uns kein Gesetz,
du mutest uns nichts zu,
du weißt nicht alles,
du bist nicht makellos,
nicht unbescholten,
du bist ein anderer,
du wehrst dich nicht.
Du lässt die Dinge laufen,
dahinleben lässt du uns,
du bist nicht hier,
nicht dort, nicht überall,
Du bist nicht alles, Gott,
du sagst so wenig.

Huub Oosterhuis[48]

Wenn Menschen unterschiedlichen Alters miteinander fragen, philosophieren und theologisieren, können sie diese Spuren verstärken: Wenn ich nicht in geliehener Sprache, sondern mit eigenen Worten von Hoffnung und Trauer, von Gewalt und Tod und auch von Gott reden möchte …

Erfahrungen machen, erzählen

Selbstverständlich brauchen wir konkrete Erfahrungen im Umgang mit Religiösem. »Licht« erlebe ich im Kontrast zur Dunkelheit, an einem wolkenlosen Sommertag, bei Nebel, in einer Nachtwanderung und unter einem klaren Sternenhimmel ... Mit den Erfahrungen verändert sich auch die Sprache. Die Bibel der Juden und Christen lehrt uns, vom Leben zu reden, wenn es um Gott geht. Sie lehrt uns, von Gott im Leben zu reden. Gott lebt in der Freude über die Geburt eines Kindes wie bei Abraham und Sara (1 Buch Mose, Genesis 21,1–8). Gott lebt in einer unbändigen Liebe wie im Hohelied (Hld), in Lust und Ekstase. Gott ist in Freundschaften (1 Sam,18–20) wie bei David und Jonathan, Gott ist in Trauer und Verzweiflung wie bei Hiob, wie bei Jesu Schrei am Kreuz. Die Bibel lehrt, von Gott im Leben zu reden – mit allem, was »Leben« heißt: Glück und Schmerz, Trauer, Freude und Abschied ... Die Bibel erzählt Geschichten. Wir reden vielleicht viel, aber wir erzählen einander zu wenig davon, wie sich Hoffnung anfühlt und Schmerz, Enttäuschung und Sich-ausgeschlossen-Fühlen. Vielleicht finden wir die Geduld, etwas erzählt zu bekommen und einander zuzuhören. Vielleicht können wir dann auch glaubwürdig von Gott reden.

Wie wir Geschichten erzählen sollen

Man bat einen Rabbi, dessen Großvater ein Schüler des Baalschem gewesen war, eine Geschichte zu erzählen. »Eine Geschichte«, sagte er, »soll man so erzählen, dass sie selber Hilfe sei.« Und er erzählte: »Mein Großvater war lahm. Einmal bat man ihn, eine Geschichte von seinem Lehrer zu erzählen. Da erzählte er, wie der heilige Baalschem beim Beten zu hüpfen und zu tanzen pflegte. Mein Großvater stand und erzählte, und die Erzählung riss ihn so hin, dass er hüpfend und tanzend zeigen musste, wie der Meister es gemacht hatte. Von der Stunde an war er geheilt. So soll man Geschichten erzählen.«[49]

Im Erzählen der Geschichte wird gegenwärtig, was die Geschichte beinhaltet; im Erzählen dessen, was mich beschäftigt, wird es gegenwärtig – und kann sich im Erzählen auch verändern. Ich lade meinen Kummer oder meine Freude nicht einfach bei jemandem ab, um sie loszuwerden, sondern ich teile sie, ich teile diese Erfahrungen anderen mit.

Beten – nah am Leben

Achtsam sein, wahrnehmen, Empathie üben, Sprache finden … – damit ist längst die Rede von dem, was »Gebet« genannt wird. In einem Religionsbuch für sieben- bis achtjährige Kinder schreibt Hubertus Halbfas: »Am Morgen: Jeder Tag hat ein anderes Gesicht. Es gibt lachende und traurige Tage, manchmal langweilige und hoffentlich viele Sonnentage.« Der Text trifft auch für Erwachsene zu: »Stolper nicht gedankenlos in den Morgen. Nimm dir die Zeit, alles, was kommen mag, auf Gott zu richten«, so ermuntert er, dem Tag einen Rhythmus zu geben, einen Rahmen für seinen Beginn und auch sein Ende: »Am Abend: Am Abend schauen wir zurück. Nimm dir ein paar Minuten Zeit. Geh in Gedanken noch einmal durch den Tag. Manches war gut; anderes nicht. Was kannst du morgen besser machen? – Dann leg den Tag in Gottes Hände. Er schaut dich an und sagt: ›Fühl dich geborgen. Ich liebe dich. Nun schlafe gut.‹«[50] Auch Erwachsene lernen auf diese Weise, dass jeder Tag sein eigenes Gesicht hat, dass die Tage nicht beliebig sind, dass wir ihnen Farbe geben. Wir üben, in Beziehung zu sein, selbst zu gestalten und loszulassen, aktiv zu prägen und anzunehmen, was nicht zu ändern ist. Den Tag wahrnehmen, achtsam sein in meinem Alltag, bewusst im Umgang mit den großen und kleinen »Dingen« – so kann es auch sein, dass ich offen bleibe für »Erfahrungen des Heiligen«, dass ich berührt werde von der Begegnung mit einer uns überschreitenden Wirklichkeit, mit Gott.

Die biblische Überlieferung erinnert, dass sich die Begegnungen mit »dem Heiligen« oft unerwartet, ungeplant und manchmal auch ungewollt ereignen, häufig mitten im Alltag der Menschen. Im Alltag sind diese Begegnungen oft unauffällig, kaum wahrzunehmen: ein Moment, in dem mir ein Stoßgebet einfällt, eine Situation im Straßenverkehr, in der ich »Glück« hatte und die gut ausging, eine Krankheit, die ich überstanden habe, das Wiedersehen mit einer Freundin oder einem Freund. Ich denke auch an die Freude, wenn eine Beziehung mit der Zeit intensiver wird und Zuneigung wächst, wenn Probleme eine Beziehung stärken, wenn sich Menschen durch die Jahre hindurch nicht verlieren, wenn Kinder gut heranwachsen und ihren Weg finden ... Ich denke an Zeiten von Verzweiflung und Einsamkeit, ich denke an die Abgründe, in die Menschen schauen … Sie können zur Bitte werden:

Halte deine Hand
um mein flackerndes Leben

hüte meine Träume
unter deinen Flügeln

birg meine Sehnsucht
unter deinem Mantel aus Licht

Elisabeth Bernet[51]

Oder wenn wir nach einem anstrengenden Tag Nachrichten hören und konfrontiert werden mit Not und Leid von Menschen irgendwo auf dieser Welt, die wir nicht kennen und deren Leiden uns dennoch berührt. Es ist nicht einfach, diese Erfahrungen in Verbindung zu bringen mit dem eigenen Glauben, ohne auf billige Vertröstungen zurückzugreifen.

Wilhelm Bruners fasst diese Spannung in einen Text:

Verabschiede die Nacht
mit dem Sonnenhymnus
auch bei Nebel

hol dir die ersten
Informationen aus den
Liedern Davids

dann höre die
Nachrichten und lies
die Zeitung

beachte die Reihenfolge
wenn du die Kraft
behalten willst
die Verhältnisse zu ändern ...[52]

Und er will uns damit wohl zu beidem anstiften – zum Beten und zum Handeln. Aber er warnt: Die Reihenfolge ist entscheidend, dass ich mich einbinde in den jahrtausendealten Strom der Betenden, dass ich zuerst die Psalmen bete, mich einlasse in Klage und Hoffnung, in Trauer und Freude – bevor ich die Zeitung lese. Vielleicht liegt darin die Kraft, dass uns das alltägliche Nachrichtenhören nicht zynisch oder ohnmächtig macht, sondern uns – mit den eigenen Möglichkeiten – zum Handeln ermutigt.

Rituale im Alltag, Feiern

Mit der Rhythmisierung der Zeit, des Tages, der Woche, des Jahres werden wir erinnert an die vielfältigen Ritualisierungen. Wiederkehrende Rituale eines Tages stärken das Gefühl von Geborgenheit und Sicherheit, unterstützen Verlässlichkeit und Vertrauen. Abweichungen hingegen können irritieren: Begrüßen und Zu-Bett-Gehen, ein Kuss beim Weggehen, ein Stoßgebet vor einem schwierigen Gespräch – sich immer wiederholend und doch – es würde fehlen … Wir kennen Rituale, die Glück bringen und Kraft geben sollen in einer schwierigen Situation, wir haben Rituale zum Abschalten und Entspannen, zur Konzentration und zur Beruhigung. Wir brauchen einen Rahmen für unser Zusammenleben, wir brauchen Rituale im Alltag ebenso wie an zentralen Punkten des Lebens, um Orientierung zu finden in Momenten innigster Freude oder tiefer Trauer. Rituale geben Emotionen einen sicheren Raum, ohne festzulegen, welches Gefühl ich individuell empfinden muss. Wo Worte an Grenzen stoßen, können Gestus, Ritual und Riten Hilfe sein, nicht sprachlos und handlungsunfähig zu werden. Rituale können aber auch einengen, sie können verzerren und verunmöglichen, was anzusprechen oder auszusprechen wäre. Gerne lege ich Ihnen ans Herz, für einige Zeit den Ritualisierungen der eigenen Kindheit nachzuspüren, zu erinnern, welche Rituale, welche Feiern prägend waren, Ihnen Sicherheit gegeben haben und welche Sie bis heute beibehalten oder neu entwickelt haben …

Fähig sein zum Dialog

Heutige religiöse Vielfalt beinhaltet auch die Chance, über Religiöses ins Gespräch zu kommen. Vom Philosophen Hans-Georg Gadamer ist überliefert, dass er ein Gespräch als »gelungenen Dialog« verstand, »bei dem auch der andere recht haben könnte« – womit manche unserer Dialoge wohl nicht als »gelungen« bezeichnet werden können. »Dialog setzt voraus, dass Menschen sich ihrer selbst halbwegs gewiss sind; dass sie in vorläufiger Sicherheit sagen können, wer sie sind, was ihre Geschichte ist und was zu ihnen gehört. Sie müssen sagen können, was ihre Haupttexte und was ihre Hauptlieder sind, was sie lieben und was sie verachten.«[53] Und weiter: »Kann es sein, dass man den Dialog auch verfehlen kann, weil man nicht mehr weiß, wer man selber ist; weil man sich selber ständig verschwimmt …?«[54] Es ist ein interessanter Zugang, zur eigenen Offenheit für die Dimension des »Heiligen« auch eine »gesprächsfähige Identität« zu entwickeln.

Für eine »gesprächsfähige Identität« auch im Religiösen braucht es »Orientierung in einer durch religiöse Impulse verschiedenster Art geprägten Zeitsituation. ... Ausgangspunkt sind weniger die Hochformen christlicher Glaubensüberlieferung als vielmehr die verschiedensten Formen lebensweltlich erfahrbarer Religion«[55]. Sehen und verstehen lernen, was ich im Umfeld an Religiösem wahrnehme, kann Sicherheit geben im Gespräch. Zugleich braucht es im Hinblick auf Religiöses auch Wissen, um darüber nachdenken zu können. Etwas zu wissen kann sicher machen, es hilft zur Orientierung und für das Gespräch. »Überblickswissen ist erforderlich, um Zusammenhänge zu erkennen, selbstständig Spezialwissen zu erwerben und zu verknüpfen. Denken verhält sich zu Wissen wie die Welle zum Wasser ... – ohne Wissen kein Denken.«[56]

Und – in der Übung bleiben …

Spirituelle Wege sind ohne »Übung« nicht möglich. Um in der Übung zu bleiben, ist mein Verhalten wichtig, mein Verhalten mir selbst, anderen und »Gott« gegenüber. Ich kann der Spur meiner Gefühle und Geschichten, meiner Bilder und Musik nachgehen, ich kann meine Rituale der Kindheit erinnern und meine gegenwärtigen Rhythmisierungen bewusst machen, sie eventuell auch korrigieren, wo es mir notwendig erscheint. Ich kann mich in meinen Übungen von Stille und Gebet innerlich bereiten für die »Erfahrungen des Heiligen«, indem ich mich innerlich frei mache, damit Berührtwerden, dass Begegnung möglich wird. Im Alltäglichen, im Unspektakulären geschieht »Übung«.

Zu wissen glaube ich,
dass sie [Dauer] möglich nur wird,
wenn es gelingt,
bei meiner Sache zu bleiben
und dabei behutsam zu sein,
aufmerksam, langsam,
voll Geistesgegenwart bis in die Fingerspitzen.
Und was ist die Sache,
bei der ich zu bleiben habe?
Sie wird in der Zuneigung
zu den Lebendigen erscheinen (...)
und in dem Bewußtsein einer Verbundenheit (...).
Diese Sache, sie ist nicht groß,
nicht besonders, nicht ungewöhnlich, nicht übermenschlich,
nicht Krieg, nicht Mondlandung,
nicht Entdeckung, nicht Jahrhundertwerk,
nicht Gipfelbesteigung, nicht Kamikazeflug:
Ich teile sie mit Millionen,
mit dem Nachbarn ebenso
wie mit den Bewohnern des Randes der Welt,
wo durch die gemeinsame Sache
die gleiche Mitte der Welt entsteht
wie hier bei mir. (…)

Bei der Sache bleiben,
die mir lieb und die Hauptsache ist,
solcherart ihr Verjähren verhindernd,
fühle ich dann vielleicht,
und ausschließlich unvermutet,
den Schauder der Dauer,
und jedesmal am Nebensächlichen,
beim behutsamen Schließen einer Tür,
beim sorgfältigen Schälen eines Apfels,
beim aufmerksamen Überschreiten einer Schwelle,
beim Sichbücken nach einem Nähfaden.

Peter Handke[57]

Ich kann meine Sprache für Religiöses weiterentwickeln, ich kann mir »Verbündete« suchen, Menschen, die auch einen spirituellen Weg gehen, der verknüpft ist mit dem eigenen Leben, mit allen Einschränkungen und Stärken. Ich kann in meinen Gedanken den Menschen begegnen, die meine Religiosität, meine Spiritualität, meinen Glauben geprägt haben, ich kann vielleicht sogar meine »Kernbotschaften« entdecken, für mich zentrale Gedanken, in einfachen Sätzen formuliert, die mich begleiten können, die meinen Weg prägen: »Mein Name ist N.N. Ich bin niemandem untertan.« Oder: »N.N. – Fürchte dich nicht!« Oder: »Ich bin N.N., ich wage Vertrauen – trotz allem …«

Darüber hinaus: Ethisches Verhalten erwächst aus den Erfahrungen, die ich mache. Soziale und ethische Grundregeln werden meine eigenen, wenn ich in der Haltung der Zuwendung und Achtsamkeit mir selbst und anderen Menschen begegnen kann. Christinnen und Christen gehen davon aus, dass nicht die Worte und Bekenntnisse entscheidend sind, sondern das Handeln und der Mut, im Hier und Jetzt immer wieder neu zu entscheiden, was jetzt zu tun ist: zu helfen oder zuzuhören, zu konfrontieren, herauszufordern oder zu trösten ...

… eine Herausforderung

Uns einzulassen auf die Dimension des »Heiligen« ist primär ein Thema der Erwachsenen: mich den Empfindungen und Erfahrungen zu öffnen, mich den »großen Fragen« auszusetzen, dem vielleicht auch gemeinsamen Nachdenken entlang der »großen Fragen« – mit dem, was mir wichtig geworden ist, und auch mit dem, was ich nicht beantworten kann, was ich nicht glauben kann. Wir wissen aus Untersuchungen, dass diese Ehrlichkeit in Sachen Religion und Glauben eine zentrale Haltung ist, auch für eine hilfreiche religiöse Begleitung. Das konkrete Tun ist vermutlich unspektakulär: reden und singen, danken und bitten, feiern, lachen und weinen; Geschichten hören, Geschichten erzählen, mich auf Kunst einlassen, mich anregen und verunsichern lassen. Und zugleich: den Morgen und den Abend zu ritualisieren, gebundene Zeiten zu feiern. Ehrlich bei dem zu bleiben, was mir wertvoll ist, denn ein »Floskel-Glaube« gibt keinen Halt.

Mein Ausgangspunkt war meine »Zumutung«, dass sich »Heiliges« in den Biografien zeigt, wenn wir in unserem Leben Erfahrungen haben, die uns berühren, anrühren, erschüttern, aufrütteln, die uns unendlich glücklich oder traurig machen, die eine Tür öffnen in eine Dimension, die uns übersteigt. In religiösen Bildern haben Menschen immer wieder versucht, diese Dimension in Sprache zu fassen; in religiösen Bildern haben Menschen Hoffnung und Zuversicht, Dank, Mut und Kraft ausgedrückt:

Wenn du durchs Minenfeld gehen musst,
nimm eine Handvoll Samen mit –
Mohn oder Ringelblumen –
für deine Auferstehung.

Christine Busta[58]

Schluss

Ich habe Sie mit auf einen Weg genommen – mit dem Wunsch, wach, achtsam, offen zu sein für die Dimension, die uns übersteigt, die wir »heilig« nennen können. Es bedarf einer Entscheidung, immer wieder neu – mich einzulassen auf Situationen, die die Erfahrungen erlauben, dass ich nicht alles fassen kann, dass es Momente gibt, in denen wir uns selbst »übersteigen«, in denen wir mit dem »Heiligen« in Berührung kommen. Oft ganz unauffällig – eine Begegnung, ein Blick, ein Gefühl in mir selbst, eine Berührung, die nicht einmal körperlich sein muss. Die eigenen Erfahrungen sind in Ort und Zeit angesiedelt; wir brauchen diese Orte und Zeiten für das Nicht-Fassbare, für das »Geheimnis«. Ich kann erleben: Ich nehme das Heilige wahr, ich begegne dem Heiligen und darin mir selbst. So entsteht ein Prozess, in dem sich neue Szenen entwickeln und wachsen können. In diesen Szenen berühre ich das Heilige und werde selbst vom Heiligen berührt. Im biografischen Erzählen gebe ich meinen Erfahrungen Bedeutung und komme diesen Begegnungen mit dem Heiligen auf die Spur. Im Erzählen spüre ich die Emotionen, ich spüre aus meiner Reaktion oder aus der Reaktion des Gegenübers, dass sich in dieser Szene mehr ereignet hat, als sich nach außen fassbar zeigt. So lerne ich selbst, so kann auch die nächste Generation lernen, dass das, was sich an Menschlichem in diesen erlebten Szenen äußert, Respekt braucht und auch Respekt fordert, um sich nicht wieder zu verschließen, um erzählt und erinnert zu werden.

»Erfahrungen des Heiligen« beinhalten die Einladung, genau hinzusehen, nicht wie es sein sollte, nicht wie eine Situation im Idealfall wäre, sondern ganz einfach: wie es ist. Von Rosa Luxemburg stammt der Gedanke: »Es ist die revolutionärste Tat zu sagen, was ist.« »Erfahrungen des Heiligen« brauchen auch die Bereitschaft zu benennen, was ist. Und ich kann Ihnen versichern: Es ist entlastend, wenn ein schönes Erlebnis nur schön zu sein braucht, wenn ich einfach sagen kann: »Ich bin glücklich, zumindest für heute.« Es ist entlastend, wenn eine Enttäuschung wehtun darf und wenn Trauriges »traurig« genannt wird und nicht plötzlich heißen muss: »Doch, ja, danke, es geht schon …« Manchmal ist es schon viel, wenn eine Frage eine wirkliche Frage ist und keine Unterstellung oder verdeckte Antwort, wenn »bitte« wirklich eine Bitte ist und keine Anweisung. Wenn Sprache benennen darf, was ist bzw. was wir davon wahrnehmen können, kann das entlasten:

Was es ist

Es ist Unsinn
sagt die Vernunft
Es ist was es ist
sagt die Liebe

Es ist Unglück
sagt die Berechnung
Es ist nichts als Schmerz
sagt die Angst
Es ist aussichtslos
sagt die Einsicht
Es ist was es ist
sagt die Liebe

Es ist lächerlich
sagt der Stolz
Es ist leichtsinnig
sagt die Vorsicht
Es ist unmöglich
sagt die Erfahrung
Es ist was es ist
sagt die Liebe

Erich Fried[59]

In einer solchen Haltung kann ich mich dem annähern, was mich übersteigt, ich kann einüben, mich diesem »Heiligen« immer wieder zu nähern, ich kann alte und neue Ausdrucksformen nutzen, um »in der Übung zu bleiben«, wie die Sprache der Meditation das nennt. Mir selbst bleibt die Freiheit, mich mit meiner Religiosität zu verbinden mit Wegen, die Religion bzw. Religionen erinnern und präsent halten. Ich kann aus der Fülle der Tradition auswählen, um meinen »Glauben« zu finden, vielleicht sogar ein Stück »Heimat«.

Die Freiheit, zu wählen, auch im religiösen Bereich, ist eine der großen Errungenschaften der europäischen Kultur. Diese Freiheit beinhaltet auch die Möglichkeit, nicht zu glauben – oder positiv gesagt, sich für oder gegen Glauben zu entscheiden, zu suchen, am Glauben zu basteln, sich abzuwenden und sich wiederum zuzuwenden … Elizabeth Barrett-Browning (1806–1861) schreibt:

Die Erde ist mit Himmel vollgepackt
und jeder gewöhnliche Busch
brennt mit Gott.
Aber nur der es sieht,
zieht seine Schuhe aus.
Die anderen sitzen herum
und pflücken Brombeeren.[60]

Religiöses geschieht nicht nur dort, wo wir das Wort »Gott« häufig in den Mund nehmen, sondern wo wir leben – mit unserer Kraft und unserer Mutlosigkeit, wo wir Angst aushalten und Freude empfinden und und und – da überall ist es möglich, »Erfahrungen des Heiligen« zu machen. Aber es gibt keine Garantie. Ich möchte Sie ermutigen, sich selbst und Kindern Geschichten und Rituale, Lieder und Erfahrungen mitzugeben. Und ich ermutige Sie, sich selbst und Kindern neben dem Vertrauen in die eigenen Fähigkeiten auch das Vertrauen ins Soziale, in die Fähigkeiten anderer und vor allem in die Kraft der inneren Bilder, in die Kraft des Glaubens mitzugeben. Wir können uns selbst und die Menschen, mit denen wir leben oder beruflich zu tun haben, stärken – mit Geschichten und Musik, mit Erzählungen und mit Fantasie, mit inneren Bildern.

Ich bin den Geschichten der christlichen Religion nachgegangen, in denen beides vorhanden ist: uns selbst zu schätzen, ohne uns zu überschätzen. Wir können den Wert des Menschen, wir können unsere eigene Würde und die der anderen nicht hoch genug ansetzen, weil wir alle Kinder Gottes sind. Und zugleich sind wir Teil der Schöpfung, eingebunden in den Kreislauf des Lebens, mit besonderer Verantwortung. Wenn ich abends zu Bett gehe, kann ich beides bedenken – was wichtig war, was schön war, aber auch, dass nicht alles an mir hängt, dass ich loslassen kann. Oft suchen wir uns nicht selbst aus, wann uns die »großen Fragen« beschäftigen, weil uns das Leben Fragen stellt, weil wir gefordert sind zu verstehen, wie es ist mit dem Bösen, dem zu frühen Sterben, dem Glück, der Dankbarkeit. Und weil es in meinen Augen immer wieder möglich ist, dass sich »der Himmel« wenigstens für einen Moment öffnet … Wir können »Hoffnung« dazu sagen, oder – wie Rose Ausländer: »Und«[61]:

Und

Und Wiesen gibt es noch
und Bäume und
Sonnenuntergänge
und
Meer
und Sterne
und das Wort
das Lied
und Menschen
und

Verwendete Literatur

Dornes, Martin, Der kompetente Säugling. Die präverbale Entwicklung des Menschen, Frankfurt a.M. 1993.

Ders., Die emotionale Welt des Kindes, Frankfurt a.M. 2000.

Frankl, Viktor, Das Leiden am sinnlosen Leben. Psychotherapie für heute, Freiburg i.Br. 1977.

Hentig, Hartmut von, Bildung. Ein Essay, München 1996.

Hirsch, Matthias, Schuld und Schuldgefühl. Zur Psychoanalyse von Trauma und Introjekt, Göttingen 1997.

Hüther, Gerald, Die Macht der inneren Bilder. Wie Visionen das Gehirn, den Menschen und die Welt verändern, Göttingen 22005.

Ders, Bedienungsanleitung für ein menschliches Gehirn, Göttingen 52005.

Jank, Werner / Meyer, Hilbert, Didaktische Modelle, Frankfurt a.M. 1991.

Kohler-Spiegel, Helga, Religiöse Bildung in der Schule. Reflexionen aus religionspädagogischer Sicht, in: Kohler-Spiegel, Helga / Loretan, Adrian (Hrsg.), Religionsunterricht an der öffentlichen Schule. Orientierungen und Entscheidungshilfen für den Religionsunterricht, Zürich 2000, 187-199.

KBl – Themenheft: RU und Katechese: Katechetische Blätter 132 (2007), Heft 2: mit verschiedenen Beiträgen zum Verständnis von Katechese und Religionsunterricht.

King, Vera, Identitätsbildungsprozesse in der weiblichen Adoleszenz, in: Wiesse, Jörg (Hrsg.), Identität und Einsamkeit. Zur Psychoanalyse von Narzissmus und Beziehung, Göttingen 2000, 53-70.

Limbeck, Meinrad, Christus Jesus. Der Weg seines Lebens. Ein Modell, Stuttgart 2003.

Mahler, Margaret u. a., Die psychische Geburt des Menschen. Symbiose und Individuum, Frankfurt a.M. 1993.

Mentzos, Starvos, Neurotische Konfliktverarbeitung. Einführung in die psychoanalytische Neurosenlehre unter Berücksichtigung neuer Perspektiven, Frankfurt a.M. 1984.

Mertens, Wolfgang, Psychoanalyse, München 1997.

Psyche – Themenheft: Psyche 62 (2008), Heft 2: Außerfamiliäre Betreuung und frühkindliche Entwicklung – Psychoanalytische Perspektiven.

Riemann, Fritz, Grundformen der Angst. Eine tiefenpsychologische Studie, München 1984.

Roloff, Jürgen, Jesus, München [3]2004.

Schmuckli, Lisa, Differenzen und Dissonanzen. Zugänge zu feministischen Erkenntnistheorien in der Postmoderne, Königstein/Taunus 1996.

Anmerkungen

1 Sölle, Dorothee, Spiel doch von Brot und Rosen. Gedichte, ^{4}2006 © Wolfgang Fietkau, Kleinmachnow

2 Sachs, Nelly, Fahrt ins Staublose. Gedichte, Frankfurt a.M. 1988, 92f.

3 Roeland, Joop, Die Stimme eines dünnen Schweigens, Feldkirch 1992, 14f.

4 Walf, Knut, Religion – Unbehagen und Verlangen zugleich, in: Walf, Knut (Hrsg.), Erosion. Zur Veränderung des religiösen Bewusstseins, Luzern 2000, 122–141, 125.

5 Walf 2000, 125.

6 Walf 2000, 126.

7 Keller, Birgit, Vogelflug im Augenwinkel. Gedichte, Bern 1998, 12.

8 Ausländer, Rose, aus: Wieder ein Tag aus Glut und Wind. Gedichte 1980-1982 © S. Fischer Verlag GmbH, Frankfurt a.M. 1986.

9 Kaléko, Mascha, In meinen Träumen läutet es Sturm. © Deutscher Taschenbuch Verlag, München 1977, 122.

10 Sölle, Dorothee, Zivil und ungehorsam. Gedichte ^{2}1995 © Wolfgang Fietkau, Kleinmachnow.

11 Vgl. Holmes, Jeremy, John Bowlby und die Bindungstheorie, München–Basel 2002, 86ff.

12 Grom, Bernhard, Religionspsychologie. Vollständig überarbeitete 3. Aufl., München 2007, 51f.

13 Baumgart, Matthias, Säuglings- und Kleinkindforschung, in: Mertens, Wolfgang (Hrsg.), Schlüsselbegriffe der Psychoanalyse, Stuttgart, 3. Aufl. 1997, 275–282, 278.

14 Stern, Daniel, Tagebuch eines Babys. Was ein Kind sieht, spürt, fühlt und denkt, München 1993, 11.

15 Bauer, Joachim, Das Gedächtnis des Körpers. Wie Beziehungen und Lebensstile unsere Gene steuern, München, 7. Aufl. 2006, 64f; vgl. Bauer, Joachim, Warum ich fühle, was du fühlst. Intuitive Kommunikation und das Geheimnis der Spiegelneurone, Hamburg 2005.

16 Dornes, Martin, Der kompetente Säugling. Die präverbale Entwicklung des Menschen, Frankfurt a. M. 1993, 159.

17 Bauer 2006, 68.

18 Dornes, Martin, Der kompetente Säugling, Die präverbale Entwicklung des Menschen, Frankfurt a.M. 1993, 80.
19 Zit. nach Bauer, Joachim, Das Gedächtnis des Körpers. Vortrag am 18. November 2005 in Dornbirn/A, in: Studioheft 45, hrsg. vom ORF Radio Vorarlberg, Frühjahr 2006, 14–25, 17f.
20 Bauer 2006, 54f.
21 Bauer 2006, 58.
22 Bauer 2006, 62.
23 Hüther, Gerald, Neurobiologische Erkenntnisse und ihre Nutzung für die Psychotherapie. Vortrag bei den Lindauer Psychotherapietagen, Lindau 2004
24 Wagner, Urs, Über den psychischen Mechanismus des Erinnerns als Abwehr, in: Skizzen und Szenen, Bregenz 2002, 1–18, 3.4.14.
25 Reeder, Jürgen, Die Narration als hermeneutische Beziehung zum Unbewussten, in: Psyche 59 (Beiheft 2005) 22–34, 24.
26 Holderegger, Hans, Der Umgang mit dem Trauma. Stuttgart, 2. Aufl. 1998, 18.
27 Braese, Stephan, Zwischen Trauma und Publikum – Zeugenschaft und Literatur am Beispiel Primo Levis, in: Psyche 57 (2003) 960–981, 963.
28 Zit. nach Braese 2003, 965.
29 Lelord, François/André, Christophe, Die Macht der Emotionen und wie sie unseren Alltag bestimmen, München 2005, 12f.
30 Mees, Ulrich, Emotion, in: Straub, Jürgen/Kempf, Wilhelm/Werbik, Hans (Hrsg.), Psychologie. Eine Einführung. Grundlagen – Methoden – Perspektiven, München 1997, 324–344, 327.
31 Mentzos 1997, 191.
32 Erikson, Erik H., Identität und Lebenszyklus. Drei Aufsätze, Frankfurt a.M. 1973, 107; erstmalig in deutscher Sprache veröffentlicht in: Erikson, Erik H., Das Problem der Identität, in: Psyche 10 (1956) 115–176.
33 Welsch, Wolfgang, Unsere postmoderne Moderne, Weinheim 1987, 5.
34 Ausführliche Erzählfassung von »Die Frage aller Fragen«, zurückgehend auf: Buber, Martin, Die Erzählungen der Chassidim, Zürich 1949, 394.
35 Schweitzer, Friedrich, Das Recht des Kindes auf Religion. Ermutigungen für Eltern und Erzieher, Gütersloh 2000, 28; vgl. 28ff.
36 Knitter, Paul, Nochmals die Absolutheitsfrage. Gründe für eine

Pluralistische Theologie der Religionen, in: Evangelische Theologie 49 (1989) 506–516, 508.

37 Fromm, Erich, Psychoanalyse und Religion, München 1985, 27.

38 Fromm 1985, 31.

39 Biemer, Günter, Religionspraxis oder Religionsbegriff? Zur Grundlegung einer Theorie des Religionsunterrichts in der Schule, in: Paul, Eugen/Stock, Alex (Hrsg.), Glauben ermöglichen. Zum gegenwärtigen Stand der Religionspädagogik. Festschrift für Günter Stachel, Mainz 1987, 77–93, 86.

40 Halbfas, Hubertus, Religionsbuch für das 4. Schuljahr, Düsseldorf 1986, 35.

41 © Dachsel, Joachim, Moritzburg.

42 Willms, Wilhelm, wir schlugen ihn, in: ders. der geerdete himmel © Verlag Butzon & Bercker, Kevelaer, 1986, 13, gekürzt.

43 Geschrieben 1846 von John Henry Newman, Letters and Diaries, Bd. 11, 1961, 224.

44 Schwaber, Evelyne A., Empathie: Eine Form analytischen Zuhörens, in: Forum der Psychoanalyse, Heft 11/1995, 160–183, 176.

45 Schwaber 1995, 178f.

46 Sölle, Dorothee, Spiel doch von Brot und Rosen. Gedichte © Wolfgang Fietkau, Kleinmachnow.

47 Sutter Rehmann, Luzia, Wir sind auf der Suche, in: Sutter Rehmann, Luzia/Bieberstein, Sabine/Metternich, Ulrike (Hrsg.), Sich dem Leben in die Arme werfen. Auferstehungserfahrungen, Gütersloh 2002, 9.

48 Oosterhuis, Huub, Du bist der Atem und die Glut. Aus dem Niederländischen v. Dr. Peter Pawlowsky © Verlag Herder, Freiburg i.Br. ^{4}1996, 34.

49 Buber, Martin, Die Erzählungen der Chassidim. Werke III, 71; zit. nach Wachinger, Lorenz, Erinnern und Erzählen. Reden von Gott aus Erfahrung, München 1974, 57.

50 Halbfas, Hubertus, Religionsbuch für das zweite Schuljahr, Düsseldorf 1984, 52f.

51 © Bernet, Elisabeth, CH-Zetwil.

52 Bruners, Wilhelm, Rat, in: Berg, Othmar/Bruners, Wilhelm/Villiger, Thomas, Großer Gott klein. Wortgottesdienste, Düsseldorf 1993, 110.

53 Steffensky, Fulbert, Die Gewissheit im Eigenen und die Wahrnehmung des Fremden, in: ru 27 (1/1997) 3–5, 3f.

54 Steffensky 1997, 2.

55 Englert, Rudolf, Individualisierung und Religionsunterricht. Analysen, Ansatz, Option, in: Katechetische Blätter 121 (1996) 17–21, 19.

56 Riedl, Johannes, Schule als Szenario der Begegnung. Der Beitrag des Religionsunterrichts zu einem Paradigmenwechsel, in: Österreichisches Religionspädagogisches Forum 4 (1994) 16–22, 18.

57 Handke, Peter, Gedicht an die Dauer, Frankfurt a.M. 1986, 24–26.

58 Busta, Christine, Wenn du das Wappen der Liebe malst. Gedichte, Salzburg 1981, 23.

59 Fried, Erich, Es ist, was es ist © Verlag Klaus Wagenbach, Berlin 1983.

60 Barrett-Browning, Elizabeth, The Poetical Works, New York 1910.

61 Ausländer, Rose, aus: Wieder ein Tag aus Glut und Wind. Gedichte 1980-1982 © S. Fischer Verlag GmbH, Frankfurt a.M. 1986.